HISTOIRE

DES
PHILOSOPHES ANCIENS,

Jusqu'à la renaissance des Lettres,

AVEC LEURS PORTRAITS,

Par M. SAVÉRIEN.

TOME CINQUIEME.

A PARIS,

Chez F. Amb. Didot, aîné, Libraire & Imprimeur, rue
Pavée, près du quai des Augustins, à la Bible d'or.

M. DCC. LXXII.

Avec Approbation, & Privilege du Roi.

AVIS
AU LECTEUR.

C'EST avec un sincere regret que je termine l'histoire des anciens Philosophes, sans avoir pu faire connoître plusieurs hommes célebres qui méritoient d'y avoir place. Tels sont *Euclide*, *Apollonius* & *Diophante* ; mais quelque recherche que j'aie faite, quelque peine que je me sois donnée, je n'ai pu découvrir aucun détail de leur vie.

Euclide n'est connu que par ses *Eléments* : c'est une produc-

tion qui a rendu son nom im-
mortel. Il naquit à Alexandrie
l'an 300 avant *Jesus-Christ*.
On dit qu'il étoit doux, mo-
deste, & qu'il accueilloit favo-
rablement tous ceux qui culti-
voient les sciences (1).

Apollonius, surnommé le
grand Géometre, naquit à Perge, en Pamphylie, 24 ans
avant *Jesus-Christ*. Il a donné
le premier la théorie des sec-
tions coniques, & a découvert
l'ellipse & l'hyperbole. *Des-*

-----

(1) *Histoire de l'Académie des Inscrip-*
tions, Tome XII, page 86. *Mémoires*
de l'Académie des Inscriptions, Tome
XVI, page 136.

cartes juge que ses démonstra-
tions sont embarrassées. Cela
n'est point étonnant de la part
d'un inventeur ; & c'est juger
un Auteur trop rigoureusement
que d'exiger de lui de la clarté
dans ses inventions. Un reproche plus grave que lui fait un
Historien de la vie d'*Archimede*, nommé *Héraclius*, est
de s'être appoprié les écrits &
les découvertes d'*Archimede*.
Les compositions de ce grand
Géometre, dit-il, étant tom-
bées entre les mains d'*Apollonius*, celui-ci les publia comme
son ouvrage : mais c'est un

panégyriste d'*Archimede* qui parle, & dont le témoignage devient un peu suspect par cette raison : on peut même dire qu'il est faux ; car *Pappus*, censeur sévere de notre Philosophe, non seulement ne l'accuse point d'être plagiaire, mais il reconnoît encore formellement qu'il est le véritable auteur des huit Livres des coniques, quoiqu'il prétende qu'*Euclide* eût déja composé quatre Livres sur ce sujet (1).

____

(1) *Collectiones mathemat.* Lib. VII, *in prœmio.* Voyez aussi le *Dictionnaire de Bayle*, art. *Apollonius de Perge.*

Diophante, qui vivoit vers le milieu du quatrieme siecle, est le premier Mathématicien qui ait écrit sur l'algebre ; on le regarde même comme le premier Algébriste. Les Arabes avoient écrit sur l'algebre ; mais leurs écrits n'étoient pas sortis de leurs mains, & c'est *Diophante* qui nous les a fait connoître dans un livre qui parut sous ce titre, *Questions arithmétiques*. On voit là que les Arabes résolvoient les problêmes du second degré. *Diophante* donne la solution de ces mêmes problêmes, mais par une méthode de son invention. Il se sert de caractères grecs afin de représenter les qualités des signes pour les unir & pour les séparer.

Cet Algébriste passa les premieres années de sa vie dans la dissipation. Il se maria , & mourut âgé de 84 ans. C'est tout ce que l'histoire nous a appris de ce savant homme (1).

Il ne me reste qu'à desirer que cette *Histoire des anciens Phi-*

---

(1) *Histoire des progrès de l'Esprit humain dans les sciences exactes* , pages 34 & 444.

losophes satifasse enfin la curiosité du Public, déja assez émue
à cet égard. Au défaut des statues, qui devroient représenter
en bronze & en marbre dans
nos places publiques les grands
hommes qui ont honoré l'hu-
manité, j'ai consacré cet ouvrage à leur gloire. C'est un
monument que demandoit en
ces termes un Savant estimé, &
très digne de l'être, (M. *Dacier*).

   » Rien ne seroit plus utile
» au Public, ni plus digne
» d'un savant homme, que de
» faire les Vies de tous les Phi-

» losophes de l'antiquité avec
» plus de suite & d'exactitude
» que n'a fait *Diogene de*
» *Laërce*, qui certainement
» n'a pas rempli tout ce qu'on
» devoit attendre d'un si grand
» sujet. On verroit par-là le
» progrès que la raison d'un
» certain nombre d'hommes
» choisis a fait dans la con-
» noissance de la vérité, lors-
» que toute la terre, excepté
» un petit coin du monde,
» étoit ensevelie dans les té-
» nebres. On y verroit aussi
» les éclipses que cette vérité a
» souffertes de temps en temps,

» parcequ'elle n'étoit pas en-
» core affez forte pour triom-
» pher entiérement de l'illu-
» fion & du menfonge où la
» contagion du corps tient
» naturellement l'efprit hu-
» main (1).

Le Public peut maintenant juger fi le vœu de M. *Dacier* eft rempli. Il ne me convient pas d'apprécier mon travail ; mais je dois rendre compte de l'intérêt que plufieurs Gens de de Lettres ont bien voulu y prendre.

---

(1) *Vie de Pythagore*, par M. *Dacier*, page XIII.

Mes lecteurs n'ignorent pas
les obligations essentielles que
j'ai depuis long-temps au Savant illustre qui veille avec
tant de soin & d'intelligence
à la garde du trésor le plus précieux sans doute que possede
notre Souverain : je veux dire
la Bibliotheque du Roi. On
sait aussi combien je suis rede-
vable à la personne éclairée à
qui la garde des estampes de Sa
Majesté est confiée. Si mon
Histoire générale des Philosophes est digne de la faveur du
Public, c'est à ces ames bienfai-
santes , à ces hommes de goût

& de mérite, que j'en dois rendre graces.

D'autres personnes également recommandables par leurs lumieres & par leur zele pour le progrès des Sciences, ont aussi secondé mes travaux pour la perfection de cet ouvrage. M. le Bibliothécaire de Saint Victor a bien voulu procurer au Graveur les portraits de *Pytheas* & d'*Hipparque*, qu'on avoit cherchés inutilement dans les cabinets les plus curieux & les plus riches. Et le R. P. *Bonhomme*, Bibliothécaire du Couvent des PP. Cordeliers à Paris, a eu la bonté de permettre qu'on copiât le portrait de *Roger Bacon*, qui est à la bibliotheque dont il a soin.

ERRATA.

Tome IV, page 209, de donner conseil, *lisez* de ne point donner des conseils.

Cette faute est importante, voilà pourquoi je la corrige. Il y a d'autres fautes dans les cinq volumes de cette Histoire ; mais elles sont trop caractérisées pour que le Lecteur ne les apperçoive point, & ne supplée pas ainsi lui-même à mes corrections.

HISTOIRE

ARISTOTE.

HISTOIRE

DES

ANCIENS PHILOSOPHES.

MATHÉMATICIENS, PHYSICIENS, CHYMISTES ET NATURALISTES.

ARISTOTE*.

APRÈS tant de travaux, après tant de connoissances acquises depuis l'origine de la Philosophie jusqu'à la mort de

* La Vie d'Aristote par Diogene de Laërce, L. V. Vita Aristotelis, auctore Ammonio. Geromi Gemusei, de Vita Aristotelis, & ejus operum censura. Jac. Beuseri, de Vita Aristotelis. Comparaison d'Aristote & de Platon par le P. Rapin. Aristocles, apud Euseb. Præpar. Ev. Plutarque, in Vita Alexandri. Aulugellii Noctes Atticæ. Dictionnaire de

Tome V.   A

Platon, on avoit lieu de se flatter d'avoir fait quelques progrès & dans la Métaphysique, & dans la Morale, & dans les Sciences exactes & naturelles. Les plus grands Moralistes avoient paru, & on comptoit alors des Mathématiciens & des Physiciens fort habiles.

Malgré cette vérité, un disciple de *Platon*, doué d'un génie vaste & créateur, né avec une ardeur insatiable de tout apprendre, de tout approfondir, s'imagina qu'on ne savoit encore rien, ou du moins fort peu de chose. Emporté, dit le Chancelier *Bacon*, par un certain esprit de contradiction, il déclara la guerre à tous les siecles antérieurs, pour soumettre la postérité à son empire. Il voulut éteindre jusqu'à la mémoire de tous les systêmes en réformant même les termes des notions les plus communes. A l'exemple d'*Alexandre* le Grand qui ambitionnoit la conquête de l'univers, il aspira au despotisme des opinions. Et pour parvenir à ce but, il fit des lectures immenses, & embrassa dans

---

Bayle, art. *Aristote. Historia Philosophiæ*, auctore *Thomæ Stanleïo. Jac. Bruckeri Historia crit. Philosophiæ. Mémoires de l'Académie royale des Inscriptions*, Vol. IV, V, VIII, IX, X, XII, &c. &c. &c. Et ses ouvrages.

ſes études la ſphere de toutes les connoiſſances humaines : Politique , Rhétorique , Poétique , Sciences exactes ,
Sciences naturelles , tout fut ſoumis à
ſes lumieres. Il traita toutes ſortes de
matieres, & forma une ſecte qui a porté
ſa réputation aux ſiecles les plus reculés.
Son nom en a même impoſé juſqu'à nos
jours dans nos écoles , & ce n'eſt que
depuis *Deſcartes* qu'on ſe rend à la raiſon (1).

Cet homme extraordinaire , ſurnom-
mé le Prince des Philoſophes , ou le
Philoſophe par excellence , naquit à
Stagyre , ville de Macédoine , l'an 384
avant J. C. Son pere deſcendoit de *Ni-*
comaque , fils de *Machaon* qui étoit fils
d'*Eſculape*. Il le perdit fort jeune ;
& ſa mere , appellée *Preſtiade* , abandonna ſon éducation à ſes tuteurs qui
la négligerent. Livré à lui - même à
cet âge où les paſſions commencent à ſe
développer , & où par conſéquent les
ſoins d'un tuteur ſont le plus néceſſaires,
il diſſipa preſque tout ſon patrimoine ,
& embraſſa par libertinage le parti des

---

(1) Voyez l'Hiſtoire de *Deſcartes* dans le Tome III de
l'*Hiſtoire des Philoſophes modernes.*

armes ; mais cette profession étant plus honorable que lucrative, il fut contraint, pour subsister pendant quelque temps, de faire un petit trafic de poudres de senteur & de remedes. Il se dégoûta bientôt d'un métier aussi bas & aussi vulgaire, & ne sachant quel état il devoit embrasser, il s'adressa à l'oracle d'*Apollon*, qui lui répondit : Allez à Athenes, & étudiez persévéramment la Philosophie : vous aurez plus besoin d'être retenu que d'être poussé.

Aristote n'hésita pas à suivre un avis qui flattoit tant son amour propre : il ne douta point qu'il ne fût destiné aux plus grandes choses, & que la fortune & la gloire ne dussent le combler de leurs faveurs. Il prit donc le chemin d'Athenes, & se mit sous la discipline de *Platon* qui jouissoit alors de la réputation la plus brillante. Il se distingua bientôt à l'Académie par la facilité qu'il eut à apprendre, & y parut bien moins en écolier qu'en maître. On l'appelloit l'*Esprit* ou l'*Intelligence*. Cela enfla l'orgueil du nouveau disciple : il devint avantageux, & prit un ton de hauteur qui offensa & *Platon* & ses écoliers. Il leur déplut encore par son air railleur &

par la magnificence de ſes habits.

Notre Philoſophe s'étant apperçu qu'il n'étoit point agréable à ſon maître, rompit bruſquement avec lui : ce qui le ſcandaliſa beaucoup. » ARISTOTE, dit- » il, a rué contre nous comme font les » poulains contre leur mere ». En effet, de même que le poulain donne des coups de pieds à ſa mere après s'être raſſaſié de ſon lait, ainſi ARISTOTE, après s'être bien engraiſſé de l'excellente pâture philoſophique que ſon maître lui avoit fournie, lui donna des ruades.

Ce Philoſophe ne parut donc plus à l'Académie : il continua chez lui ſes études, & y fit une eſpece d'école où il raſſembla beaucoup de diſciples; mais il regrettoit toujours de ne pas faire briller ſes talents à l'école de *Platon.* Extrêmement fâché de n'avoir pas pu s'y maintenir, il épioit avec ſoin une occaſion de le faire déchoir de ſa place en ſe meſurant avec lui.

Platon étoit alors âgé de quatre-vingts ans, & par conſéquent il avoit perdu cette vigueur néceſſaire pour ſoutenir long-temps les exercices académiques ; mais comme il étoit ſecondé par *Speuſippe* ſon neveu, & par *Xenocrate*, l'Académie étoit toujours florissante. Par malheur *Speusippe* tomba malade pendant que *Xenocrate* cherchoit à acquérir des connoissances dans les plus belles villes de la Grece. *Platon* fut donc obligé de tenir seul l'Académie.

A peine ARISTOTE le sut qu'il y alla accompagné d'une foule de disciples disputer avec son maitre. La partie n'étoit pas égale. Aussi sa victoire fut très facile. *Platon* abandonna l'Académie, & son disciple ne rougit point de prendre sa place. Mais *Xenocrate* vint au secours de *Platon*. Il attaqua vivement l'usurpateur, le chassa de l'Académie, & rétablit son maitre dans sa chaire (1).

ARISTOTE fut très sensible à cette humiliation. Il sortit d'Athenes de dépit, & prit le parti de voyager. Il parcourut les principales villes de la Grece. Quelques Auteurs prétendent qu'il alla en Asie, & qu'il y fit connoissance avec un Juif qui lui apprit beaucoup de choses ; mais il en est d'autres qui assurent avec plus de fondement qu'il ne fit point ce voyage, quoiqu'on l'estimât nécessaire

____

(1) Voyez l'Histoire de *Xenocrate* dans le Tome II de cette *Histoire des anciens Philosophes*.

pour devenir savant, mais que pour y suppléer il se contenta de s'instruire des mysteres & de la religion des Egyptiens, afin de ménager le temps qu'on s'expose à perdre dans les voyages. Cependant il est toujours certain qu'il se lia avec un Juif fort savant. On ne sait point quel fut le sujet de leurs conversations. On n'a que des conjectures là-dessus, dont la plus vraisemblable est qu'ils s'entretinrent de l'origine des Juifs, & de leur religion.

Après avoir erré pendant long-temps dans toutes les villes de la Grece où il crut pouvoir s'instruire, ARISTOTE alla voir *Hermias* son ami, & même son parent, lequel étoit Roi d'Atarne, petite ville de Mysie, proche l'Hellespont. On ne sait point comment il appartenoit à ce Prince. *Diogene de Laërce* dit qu'*Hermias*, Bythinien de naissance, fut esclave d'*Eubule*, & qu'il tua son maitre : cela ne fait pas connoître son origine. Il y a apparence qu'*Hermias* avoit usurpé la place qu'il occupoit, & qu'il ne la tenoit point de ses ancêtres.

Quoi qu'il en soit, *Hermias* fit l'accueil le plus gracieux à notre Philosophe. On a même écrit que cette amitié devint si intime, qu'elle dégénéra en un véritable amour. *Hermias*, dit-on, eut pour lui des complaisances très criminelles : il lui fit épouser sa fille ou sa niece : le voyant amoureux de sa concubine, il la lui céda, & ARISTOTE devint si amoureux de cette femme, qu'il l'épousa (1). Mais tout cela se contredit. On veut d'abord que ce Philosophe ait épousé la fille d'*Hermias*, & puis on soutient qu'il épousa sa concubine. Comment cela s'accorde-t-il ? ARISTOTE ne peut les avoir épousées ni en même temps, ni l'une après l'autre, car tous les Historiens conviennent qu'il n'a jamais eu qu'une femme, & ceux même qui l'ont calomnié, sont d'accord avec eux sur ce point : seulement ils ne s'accordent point avec eux-mêmes, & c'en est assez pour mépriser ce qu'ils ont écrit sur les amours d'ARISTOTE & d'*Hermias*.

Diogene de Laërce dit que notre Philosophe »prit de l'amour pour la concu- »bine d'*Hermias*, qu'il l'obtint en ma- »riage, & en eut tant de joie, qu'il fit à » cette femme des sacrifices comme les » Athéniens en faisoient à Cérès, &

-----

(1) *Bayle*, *ubi suprà*, note F.

» que pour remercier *Hermias*, il fit à
» son honneur un hymne ». *Diogene*
le dit, & il ne faut pas le croire ; car
premiérement il eſt certain qu'ARIS-
TOTE ne fit ſon hymne qu'après la mort
d'*Hermias :* ce ne fut donc point pour le
remercier de lui avoir accordé ſa concubine : l'hymne ne célebre que ſes vertus. En ſecond lieu, ARISTOTE a écrit
que ſa femme s'appelloit *Pythias*, qu'elle
étoit ſœur d'*Hermias*, & ſa fille d'adop-
tion ; qu'il ne l'avoit épouſée qu'après
la mort d'*Hermias* ; que c'étoit une fort
honnête femme, mais réduite à un ſi
fâcheux état depuis la mort de ſon frere,
qu'il s'étoit cru obligé de l'épouſer en
conſidération d'*Hermias*. Voici d'abord
l'hymne tel que M. *de la Nauſe* l'a traduit du grec. C'eſt une piece de poéſie
digne de *Pindare*, & que *Caſaubon* appelle un ouvrage d'or.

*O vertu ! qui malgré les difficultés que
vous préſentez aux mortels, êtes l'objet
charmant de leurs recherches ! vertu pure
& aimable ! ce fut toujours aux Grecs un
deſtin digne d'envie que de mourir pour
vous, & de ſouffrir, ſans ſe rebuter, les
maux les plus affreux. Telles ſont les ſe-
mences d'immortalité que vous répandez*

dans tous les cœurs. Les fruits en sont plus précieux que l'or, que l'amitié des parents, que le sommeil le plus tranquille. Pour vous le divin Hercule & le fils de Léda essuyerent mille travaux, & le succès de leurs exploits annonça votre puissance. C'est par amour pour vous qu'Achille & Ajax allerent dans l'empire de Pluton, & c'est en vue de votre aimable beauté que le Prince d'Artane s'est aussi privé de la lumiere du soleil. Prince à jamais célebre par ses actions, les Filles de mémoire chanteront sa gloire toutes les fois qu'elles chanteront le culte de Jupiter Hospitalier, ou le prix d'une amitié durable & sincere.

Ce n'est point, comme l'on voit, pour remercier *Hermias* de lui avoir donné sa concubine qu'ARISTOTE composa cet hymne, puisqu'on y lit qu'il *étoit privé de la lumiere.* Il faut donc s'en rapporter à ce qu'il dit dans sa lettre à *Antipater*, qu'il épousa *Pythias*, sœur d'*Hermias*. C'est d'elle dont il fut si amoureux, qu'il lui offrit un sacrifice semblable à celui que les Athéniens offroient à Cérès *.

---

* Tout le monde sait qu'on offroit à Cérès les prémices des fruits, & qu'on lui immoloit une truie, parceque cet animal est fort nuisible aux semences. C'étoit un hommage singulier que l'immolation d'une truie à une femme, &

On ne fait point s'il lui rendit cette forte de culte pendant qu'elle vivoit. Le fentiment le plus probable, eft que ce ne fut qu'après fa mort.

Cependant tous ces événements n'empêcherent point notre Philofophe de fatisfaire la paffion ardente qu'il avoit pour l'étude. Il travailloit nuit & jour, & lorfqu'il craignoit que le fommeil ne lui dérobât trop de temps, il tenoit dans fa main une boule d'airain appuyée fur les bords d'un baffin, afin que le bruit qu'elle feroit en tombant dans le baffin pût le réveiller. Ce Philofophe s'étoit déja fait une réputation par fa fagacité & par fes lumieres; mais les nouvelles connoiffances qu'il acquit par une application fi conftante, le mirent en état de donner le ton aux Savants & aux Gens de Lettres dans tous les genres de fciences & de littérature.

Dans ce temps-là *Philippe*, Roi de Macédoine, fongeoit à donner à fon fils *Alexandre* un précepteur capable de le mettre en état de tenir dignement les

---

Pythias vivoit lorfque fon mari le lui rendoit. Mais ARISTOTE vouloit égaler fon époufe à Cérès qui étoit la Déeffe protectrice d'Athenes, & il ne prenoit pas garde à cette fingularité.

rênes de son empire. Ce Prince, grand politique, estimoit qu'un successeur moins habile que lui ne résisteroit pas long-temps à des ennemis que ses conquêtes lui avoient suscités, & que leur union rendoit redoutables. Toujours rempli de vastes projets, il employa les présents & les caresses pour engager ARISTOTE à se charger de l'éducation de son fils.

Ainsi parle M. l'Abbé *Sevin*, de l'Académie royale des Inscriptions, après les plus célebres Ecrivains de la vie de notre Philosophe (1). Cependant M. l'Abbé *Anselme* a écrit que pour devenir Gouverneur d'*Alexandre*, ARISTOTE avoit fait des *bassesses honteuses* (2). Il est vrai que M. *Anselme* ne prouve point ce qu'il dit : c'est une faute de sa part qui n'est pas pardonnable. Quand on tache la mémoire de quelqu'un, & sur-tout d'un grand homme, il faut déduire les raisons qu'on a d'en agir ainsi, & ne pas supposer que son autorité l'emporte sur celle

---

(1) *Recherches sur la vie & les ouvrages de Callisthene* par M. l'Abbé *Sevin*, dans les *Mémoires de l'Académie royale des Inscriptions*, Tome VIII.

(2) *Mémoires de l'Académie des Inscriptions & Belles-Lettres*, Tome V, page 22.

des

des Historiens les plus dignes de foi.

Concluons donc que ce furent les sollicitations de *Philippe* qui déterminerent notre Philosophe à se rendre auprès de ce Prince pour présider à l'éducation de son fils. *Philippe* apprit cette résolution avec tant de joie, qu'il lui écrivit : » Je » rends moins graces aux Dieux de me » l'avoir donné que de l'avoir fait naître » pendant votre vie : je compte que par » vos conseils il se rendra digne de vous » & de moi.

ARISTOTE reçut toutes sortes d'honneurs à la cour de Macédoine. Il se concilia l'estime des Grands, & celle de son éleve. Le jeune Prince admiroit l'étendue de ses connoissances en écoutant ses leçons, & il répandit ou fit répandre à pleines mains des sommes considérables pour seconder ses expériences & ses recherches sur l'histoire naturelle ; & notre Philosophe profita habilement de ce secours.

Philippe, également charmé du soin qu'il prenoit de l'éducation du jeune *Alexandre* & de ses succès, lui demanda un jour comment il pourroit s'acquitter avec lui des obligations qu'il lui avoit. En rétablissant ma patrie, lui répondit

ARISTOTE, dans le même état où elle étoit avant que vous l'eussiez ruinée. Le Roi de Macédoine lui ayant accordé sa demande, notre Philosophe donna des loix à cette ville : ce qui fit tant de plaisir à ses habitants, que, pour reconnoître ce bienfait, ils lui consacrerent un jour de fête.

Après la mort de ce Prince, *Alexandre* qui lui succéda redoubla d'attention pour son précepteur. *Pline* dit qu'il le pria d'écrire sur la nature des animaux ; & pour le mettre en état de faire ce travail, il ordonna, tant en Asie qu'en Grece, » que tous les Véneurs, Fauconniers, » Oiseleurs, Pêcheurs, & même ceux » qui tenoient des garennes, parcs, » ruches de mouches à miel, viviers, » étangs, volieres, héronneries, eussent » à obéir à ARISTOTE, & à lui déclarer » tout ce qu'ils savoient du fait de sa » commission (1) ». Ses ordres furent si bien suivis, que notre Philosophe reçut assez de mémoires pour composer cinquante livres sur la nature des animaux. Charmé & de ce travail & de ses instructions, le nouveau Roi répétoit souvent :

______

(1) *Plin. Hist. natur.* L. VIII.

» Je dois le jour à mon pere , mais je
» dois à mon précepteur l'art de me con-
» duire. Si je regne avec quelque gloire,
» je lui en ai toute l'obligation » Cependant les sciences ne captivoient pas tellement son ambition , qu'il ne portât ses
vues sur la conquête de l'univers. Cette
ambition s'étoit manifestée dès sa plus
tendre jeunesse , & il songea à la satisfaire lorsqu'il se vit maître de l'empire
des Macédoniens. Il songea d'abord à
porter la guerre en Asie. Le projet ne
pouvoit s'allier avec les vues pacifiques
d'un Philosophe qui ne vouloit conquérir
que les secrets du Créateur. Il comprit
qu'il étoit inutile à *Alexandre* dans cette
circonstance , & lui demanda la per-
mission de se retirer. En le quittant il lui
proposa *Callisthene* son parent , des
études & de la fortune duquel il avoit
pris soin ; & *Alexandre* l'ayant accepté ,
Callisthene fut déclaré son précepteur.
Notre Philosophe vint lui annoncer cette
nouvelle qu'il accompagna de ce sage
conseil : *Parlez rarement devant les Prin-*
ces : sinon faites en sorte que vos discours
puissent leur être agréables. Et il partit
ensuite pour Athenes.

Il y fut reçu avec une grande diftinction. On lui donna le Lycée pour y établir une nouvelle école de Philoſophie. C'étoit un ancien temple d'Apollon, bâti par *Lycus*, d'où il avoit été appellé *Lycée*. Il étoit formé de portiques & d'arbres plantés en quinconces. La réputation de notre Philoſophe y attira un concours prodigieux d'auditeurs, & ſa doctrine lui acquit un grand nombre de diſciples. Le matin il enſeignoit la Philoſophie, & le ſoir la Rhétorique. Il donnoit ſes leçons en ſe promenant : ce qui fit nommer ſes diſciples *Péripatéticiens*, mot formé d'un verbe grec, qui ſignifie marcher tout autour.

Maître abſolument de ſon temps, ARISTOTE ſe livra tout entier à l'étude de la Philoſophie. Il publia ce qu'il avoit écrit à la cour de Macédoine. *Alexandre* le ſut, & en fut fâché. Quoique tout occupé de la proſpérité de ſes armes, il ambitionnoit la qualité de Savant, & il vouloit poſſéder ſeul la ſcience de ſon illuſtre précepteur : il lui écrivit donc cette lettre : » J'apprends que tu publies » tes traités acroatiques. Quelle ſupério- » rité me reſte-t-il actuellement ſur les » autres hommes ? Les hautes ſciences » que tu m'as enſeignées vont devenir

» communes ; & tu savois cependant
» que j'aime mieux surpasser les hommes
» par la science des choses sublimes que
» par la puissance. Adieu.//

ARISTOTE lui répondit : *Consolez-*
vous, je les ai publiés sans les publier :
c'est à-dire, je les ai écrits si obscuré-
ment, que personne n'y entendra rien.

Callisthene, successeur de notre Philosophe auprès d'*Alexandre*, ne contri-
buoit pas peu à soutenir l'estime que ce
Prince en faisoit ; mais une malheureuse
affaire dans laquelle le nouveau précepteur du Roi fut compris, rompit cette
bonne intelligence.

Hermolaüs, ami de *Callisthene*, ayant
formé une conjuration, *Alexandre* qui
en fut instruit, le fit arrêter & lapider.
Les conjurés éprouverent le même sort.
Des ennemis de *Callisthene*, & qui cherchoient depuis long-temps des occasions
de le perdre, l'accuserent d'avoir eu
part à cette conspiration. Ils fonderent
leur accusation sur quelques discours
peu mesurés qu'il avoit tenus, & sur
ses liaisons avec la plupart des conjurés.
L'accusation étoit vague & dénuée de
preuves : elle portoit tous les caracteres
de la noirceur & de la méchanceté : elle
fut néanmoins écoutée.   B 3

Callisthene étoit un homme d'un grand mérite, qui marchoit la tête levée, sans bassesse & sans orgueil. Ce ton de fierté déplut à *Alexandre*, & dans cette disposition d'esprit, il prêta une oreille attentive à toutes les calomnies qu'on débitoit avec véhémence contre son nouveau précepteur. L'esprit aigri par les discours emportés d'*Anaxarque*, ennemi déclaré de *Callisthene*, il le fit arrêter, & le traita avec la derniere cruauté. On ne s'accorde point sur le genre de supplice qui termina ses jours : mais tous les Historiens conviennent qu'il expira au milieu des tourments *.

Cette cruauté excita bien des murmures. Les Grecs, & en particulier les disciples d'ARISTOTE, censurerent hautement l'inhumanité d'*Alexandre*, & quelques Ecrivains assurent que notre Philosophe ne tarda pas à venger la mort de son parent. Il ne fit point éclater sa douleur : mais *Théophraste* rendit la sienne publique par un livre intitulé *Callisthene*, ou *de l'Affliction. Alexandre*

---

* *Diogene de Laërce* dit qu'*Alexandre* » le fit enfermer » dans une cage de fer, où, infecté de ses ordures, il fut » porté de côté & d'autre, jusqu'à ce qu'ayant été exposé » aux lions, il finit misérablement sa vie.

n'y étoit pas ménagé. L'Auteur, dans la vue de diminuer l'éclat de tant de victoires, y foutenoit nettement que les actions de cette vie font moins conduites par la fageſſe que par la fortune.

Informé de ces murmures, le Roi de Macédoine, oubliant ce qu'il devoit à ARISTOTE, le menaça de faire tomber fur lui le poids de fa colere ; mais notre Philoſophe réſolut de le prévenir. Il s'aboucha fecrètement avec *Antipater* qui ne croyoit pas non plus que fa vie fût en fureté, & ils préparerent de concert le poiſon qui les délivra d'un ennemi ſi redoutable.

C'eſt ce que nous aſſure *Arrien* (1) : mais on eſt diſpenſé de le croire. De femblables accuſations ne doivent pas être admiſes légérement, comme le remarque fort à propos M. l'Abbé *Sevin*, fur-tout quand elles attaquent la mémoire des grands hommes, dont la vie d'ailleurs paroît exempte de crimes. Dans de pareils cas, ajoute-t-il, les démonſtrations fuffiſent à peine ; & il eſt honteux de déférer à des conjectures

____

(1) *Arr.* page 309. Voyez auffi le *Mémoire* de M. l'Abbé *Sevin* ci-devant cité.

vagues, & qui ne font que trop fouvent l'ouvrage de la malignité.

Il faut cependant avouer que quoique le foin de fes études occupât extrêmement notre Philofophe, il ne laiffoit pas d'entrer dans tous les mouvements & dans toutes les querelles qui agitoient les divers Etats de la Grece ; & cela pourroit faire croire qu'il a eu quelque part à la confpiration d'*Antipater*. D'un autre côté les ennemis qu'ARISTOTE avoit à Athenes, & que fes nouveaux fentiments lui avoient procurés, furent toujours perfuadés qu'il vivoit en bonne intelligence avec *Alexandre* ; tellement qu'ils continrent leur haine jufqu'à la fin de ce Prince : mais dès qu'ils apprirent fa mort, ils n'eurent plus rien à craindre, & drefferent leurs batteries pour perdre notre Philofophe.

D'abord un Prêtre, nommé *Eurymédon*, l'accufa d'impiété à caufe de l'hymne compofé pour *Hermias*, & à caufe d'une infcription gravée fur la ftatue du même *Hermias*, au temple de Delphes. On a vu ci-devant cet hymne, & le lecteur peut juger s'il contient quelque chofe de répréhenfible. Je ne crois pas qu'il trouve l'infcription plus blâmable : la voici :

Un Roi de Perfe, violateur des loix, fit mourir celui dont on voit ici la figure : un ennemi généreux l'eût vaincu par les armes, mais ce perfide le furprit fous le voile de l'amitié.

Il n'y a rien là qui puiffe alarmer la piété la plus exacte. Ce fut le fentiment de tous les Athéniens éclairés. Auffi *Eurymédon* fe retrancha fur l'hymne qu'il dit être un cantique facré. Or il n'eft pas permis, ajouta-t-il, de chanter à l'honneur d'un fimple mortel un cantique facré qui eft particulier aux Dieux : donc ARISTOTE eft un impie & digne de punition. On eut beau dire à ce Prêtre que dans l'hymne dont il s'agit on ne trouvoit pas le moindre veftige d'un cantique facré, puifque l'Auteur y parle de la mort d'*Hermias*, & qu'on n'y voit point d'ailleurs les exclamations qui caractérifent ce cantique ; ces raifons victorieufes ne furent point écoutées. *Eurymédon* ayant mis dans fon parti un nommé *Démophile* qu'on croit être un grand d'Athenes, foutint fon accufation. Ce n'eft pas qu'il crût ce qu'il avançoit : il favoit bien qu'il avoit tort ; mais il fe fervoit de cette raifon pour perdre notre Philofophe, fans faire connoître ses véritables motifs, qui lui auroient attiré l'indignation de tous les honnêtes gens.

Suivant *Origene*, le procès d'impiété qu'*Eurymédon* intenta à ARISTOTE étoit fondé sur quelques-uns de ses dogmes. Celui qui le révoltoit le plus, parcequ'il attaquoit ses véritables intérêts, étoit que les prieres & les sacrifices étoient inutiles, parceque, disoient les Péripatéticiens avec leur maître, la sagesse infinie fait de tout temps ce qu'elle doit faire, & ne change point de route selon les desirs ou les intérêts humains, comme si elle avoit besoin que nos prieres fussent des avis qu'on lui donnât de ne pas faire ce à quoi elle est déterminée.

Il est certain qu'il y avoit quelque chose à dire sur ce dogme : mais *Eurymédon* craignoit de se montrer trop à découvert en touchant cette corde : il aima mieux réveiller la prétendue impiété de l'hymne qui avoit été fait il y avoit plus de vingt ans ; & quelque ridicule que fût cette accusation, elle réussit : tant a de pouvoir sur des esprits foibles un fourbe qui se couvre du voile de la religion !

Notre Philosophe crut ne pas devoir

tenir tête à l'orage. Comme il se sentoit coupable d'avoir offensé personnelle-ment par quelques traits de raillerie le Prêtre qui le persécutoit, il songea à se retirer. Il savoit qu'il est plus dangereux d'offenser les Prêtres en leur personne que de les offenser en la personne de leurs Dieux. Il se retira donc doucement à Chalcis dans l'isle d'Eubée. En vain ses amis voulurent l'arrêter : *Empêchons*, leur cria-t-il en partant, *qu'on ne fasse une nouvelle injure à la Philosophie.* Il vouloit parler de la mort de *Socrate* que des Prêtres avoient sacrifié à leurs ressen-timents (1).

Il croyoit avec raison que le plus sûr parti étoit de plaider de loin. Car les accusateurs étoient des gens qui ne l'au-roient jamais laissé en repos, & qui au-roient fait jouer tant de machines, qu'enfin ils en auroient trouvé une qui l'auroit accablé. Il n'étoit pas possible, grand esprit comme il étoit, dit *Bayle*, qu'il ne se fût quelquefois moqué des bassesses du culte public des Athéniens, & qu'il n'eût jamais dit son sentiment sur

____

(1) Voyez l'histoire de *Socrate* dans le second volume de cette *Histoire des anciens Philosophes.*

les fourberies des Prêtres. On eût ramené toutes ses conversations : on eût fait ouir des témoins ; & on seroit enfin venu à bout de le perdre sans ressource.

ARISTOTE fit donc sagement de se mettre en sûreté. Il songea alors à se justifier. Il composa une harangue dans le genre judiciaire, qui n'eut pas l'effet qu'il devoit s'en promettre. Il y employa ce vers d'*Homere* : *La poire naît sur le poirier & la figue sur le figuier* : ce qui signifie qu'il ne faut point demeurer dans une ville où la race des délateurs ne décroissoit point, les uns succédant aux autres sans interruption. Ses ennemis soutinrent le procès qu'ils lui avoient intenté, & le firent condamner à un bannissement pour avoir méprisé, dirent-ils, le culte des Dieux.

Cela n'empêcha point qu'on ne le regrettât. Quoique *Théophraste* remplît sa place dans le Lycée à la satisfaction des Athéniens, on sentoit bien ce qu'on avoit perdu. Non seulement ARISTOTE s'étoit rendu recommandable par l'étendue & la profondeur de ses connoissances, par les instructions salutaires dans tous les genres de science & de littérature qu'il avoit données à Athenes

pendant treize ans, par le grand nombre
de gens de mérite qu'il avoit formés, il
s'étoit encore fait eſtimer par la ſageſſe
de ſa conduite & les ſaillies de ſon eſprit.

Il diſoit que les ſciences ont des racines ameres, mais qu'elles rapportent
des fruits doux; que le bienfait eſt ce
qui vieillit le plutôt; que l'eſpérance eſt
le ſonge d'un homme qui veille; que la
culture de l'eſprit ſert d'ornement dans
la proſpérité & de conſolation dans
l'adverſité, & que l'inſtruction eſt un
guide qui nous mene heureuſement à la
vieilleſſe.

Tous ces bons mots ſont ſans doute
des minuties en comparaiſon des grandes
choſes qu'il a produites; mais ils
étoient le ſujet des converſations ordi-
naires des Athéniens, plutôt que ſes
grandes connoiſſances où tout le monde
ne pouvoit pas prendre part, & par là
ils rappelloient encore plus efficace-
ment la perte qu'ils en avoient faite.

Cependant notre Philoſophe traînoit
à Chalcis une vie languiſſante. Après
avoir ſoutenu ſon infortune pendant
quelque temps, & lutté contre la ca-
lomnie, il céda à ſes malheurs. Moins
affoibli encore par l'âge que par ſes

grands travaux & ses chagrins, il sentit approcher son heure derniere. *Diogene de Laërce* dit qu'il mourut de maladie, âgé de soixante trois ans : d'autres Ecrivains veulent qu'il se soit délivré de ses maux en s'empoisonnant, après avoir invoqué l'Etre suprême à qui il alloit se rejoindre. Enfin *Bayle* a écrit que se sentant près de sa fin, il versa un torrent de larmes, & que, tout pénétré de douleur & d'espérance, il implora la miséricorde du Tout-Puissant.

Je ne dois pas omettre ici une quatrieme opinion sur la fin d'ARISTOTE, qui, quoique dénuée de toute vraisemblance, a pourtant été répétée par tous les Ecrivains de sa vie ; c'est qu'il mourut de chagrin de n'avoir pu découvrir la cause du flux & du reflux de l'Euripe.

Ce genre de mort, dit *Bayle*, seroit une preuve de l'ardeur immense avec laquelle ARISTOTE avoit fouillé dans les secrets de la nature. Il marqueroit une extrême sensibilité pour la gloire d'avoir appris au genre humain les mysteres les plus cachés. Ne seroit-ce pas mourir au lit d'honneur ? Ne seroit-ce pas s'être appliqué à sa charge avec la ferme résolution de venir à bout de son entreprise, ou de mourir à la peine ? Je trouve, ajoute *Bayle*, que ceux qui ont dit, comme *Suidas*, que le génie d'ARIS-TOTE n'avoit point d'autres bornes que celles de la nature, ou qu'il avoit été admis à la plus intime confidence & au secrétariat de la nature, ne devroient point admettre d'autre tradition touchant sa mort. Un confident qui se voit disgracié, & qui éprouve sur ses vieux jours qu'on lui fait mystere d'une chose, ne doit point survivre à cette chûte.

Malgré ces probabilités qui sont un peu forcées, *Bayle* met cette fin d'ARIS-TOTE au nombre des fables ; mais pour excuser ceux qui l'ont admise, il croit que leur récit est allégorique, c'est à-dire, que notre Philosophe observa avec tant d'assiduité les mouvements de l'Eu-ripe, & médita si profondément sur ce sujet, que cette forte application de corps & d'esprit ruina sa santé, & lui attira la maladie qui le fit mourir (1).

De quelque maniere qu'il ait terminé sa carriere, il est certain que sa mort fut un deuil pour toute la Grece, & qu'il fut particuliérement honoré dans sa

---

(1) *Bayle*, *ubi suprà*, note Z.

patrie. Les habitants transporterent ses os chez eux, qu'ils enterrerent avec pompe. Ils dresserent un monument sur son tombeau; donnerent à ce lieu le nom d'ARISTOTE, & y tinrent dans la suite leurs assemblées. Apparemment qu'ils mirent aussi dans le même tombeau les os de *Pythias* qui étoit morte avant lui, selon qu'il l'avoit ordonné dans son testament, pour se conformer aux dernieres volontés de son épouse.

ARISTOTE avoit les yeux petits, les jambes menues & la voix grêle. Il étoit toujours bien vêtu. Il portoit des anneaux aux doigts, & se rasoit la barbe. Lorsqu'il quitta Athenes, il avoit confié ses écrits à *Théophraste* son fidele disciple & son successeur dans le Lycée. Celui-ci en mourant laissa sa bibliotheque à *Nélée* qui avoit été son disciple & celui d'ARISTOTE. *Nélée* vendit une partie des écrits de ce Philosophe à *Ptolomée Philadelphe.* Ce fut un grand malheur, car ce Prince les ayant mis dans la bibliotheque d'Alexandrie, ils furent brûlés lors de l'incendie qui consuma cette bibliotheque.

Les héritiers de *Nélée*, gens simples & sans lettres, n'eurent d'autre soin de

ſes livres que de tenir bien fermé l'endroit où ils étoient ; mais lorſqu'ils apprirent l'empreſſement avec lequel les
Rois de Pergame, dont ils étoient ſujets, cherchoient des livres, ils en-
fouirent ſous terre ceux de *Nélée* pour
les vendre plus cher. Au bout de ſeize
ans leur poſtérité les tira de ce ſouter-
rain fort gâtés par l'humidité & par les
vers, & vendit à un haut prix le reſte des
ouvrages d'ARISTOTE & de *Théophraſte*
à un certain *Apellicon*, bourgeois d'A-
thenes, qui étoit fort riche, & qui em-
ployoit ſes richeſſes à acheter des livres
& des manuſcrits. Cet homme les fit copier ; mais ſes copiſtes remplirent mal
les endroits que les vers avoient rongés,
& que l'humidité avoit effacés ; de ſorte
que les ouvrages d'ARISTOTE ne parurent qu'avec une infinité de fautes.
Les Profeſſeurs du Lycée le prierent de
les leur prêter pour quelque temps, & il
eut égard à leurs prieres ; mais il les
retira bientôt pour les remettre en ſa
bibliotheque qu'il rendit célebre par un
dépôt de cette importance.

Après la mort d'*Apellicon*, cette bibliotheque fut tranſportée d'Athenes à
Rome par *Sylla*. Le Bibliothécaire de

Sylla étoit ami d'un Grammairien nommé *Tyrannion*, grand admirateur d'A-
RISTOTE. *Tyrannion* lui demanda avec
beaucoup d'empreſſement ſes ouvrages,
& les obtint. Quoique ce Grammairien fût
fort habile & qu'il eût formé une bibliotheque de plus de trente mille volumes,
il ne connut cependant pas tout le prix
des ouvrages d'ARISTOTE ; mais après
ſa mort, *Andronic* de Rhodes étant venu
à Rome, & connoiſſant fort bien le
mérite de notre Philoſophe, parcequ'il
avoit été nourri dans le Lycée, traita
de ces écrits avec les héritiers de *Tyrannion* qui les lui céderent. Il les étudia avec
tant de zele & d'application, qu'il en
fut le premier reſtaurateur. Il fit connoître ARISTOTE dans Rome vers le
temps que *Cicéron*, de retour de ſon
exil, étoit parvenu au comble de ſa
gloire (1).

C'eſt un grand honneur pour ARIS-
TOTE, dit *Voſſius*, que ſes écrits,
après avoir été inconnus ſi long-temps,
aient effacé, lorſqu'ils ont paru, les
ouvrages des autres Philoſophes qui
jouiſſoient d'une longue poſſeſſion non

---

(1) Voyez *Bayle*, art. *Tyrannion.*

interrompue (1). Tout le monde voulut les connoître. On les étudia avec foin, & on ne les entendit pas ; & ce fut fans doute une raifon pour s'y entêter & pour négliger les écrits des autres Philofophes qu'on entendoit.

Un des plus fubtils Philofophes qui aient paru entre les Arabes, *Averroës*, voulut les éclaircir : il les commenta avec tant d'habileté, qu'on le nomma le *Commentateur* par excellence. Il fut aufli extrêmement flatté de fon travail ; & dans la vue de le faire valoir, il éleva notre Philofophe jufqu'aux nues. Il dit » qu'avant qu'ARISTOTE fût né, » la nature n'étoit pas entiérement ache- » vée, qu'elle avoit reçu en lui fon der- » nier accompliffement, qu'elle ne fau- » roit paffer outre, & que c'eft l'extré- » mité de fes forces & la borne de l'in- » telligence humaine (2).

Echauffés par ces éloges, les difciples d'*Averroës* s'attacherent à accréditer la doctrine de notre Philofophe, & ils firent fi bien, qu'elle fut admife & en- feignée dans toutes les écoles d'Occi-

---

(1) *Voffius de Philofop. fectis.*
(2) *Le Socrate Chrétien*, par M. *Balzac*, page 452.

dent , à l'exclusion de toute autre. Il y avoit pourtant encore des admirateurs de *Platon*, lesquels ne virent point de bon œil qu'on accueillît ARISTOTE au préjudice de *Platon*. L'un d'eux , indigné de cette préférence absolue , mit la main à la plume pour faire valoir la Philosophie de son maître. Il se nommoit *Gemisthe Pléthon :* c'étoit un des plus beaux génies de son siecle. Il publia d'abord un petit écrit sous le titre de *Sentiments d'Aristote , différents de ceux de Platon.*

Cet écrit , dans lequel la Philosophie de *Platon* est préférée à celle d'ARIS-TOTE , fut attaqué par trois hommes également illustres. Le premier s'appelloit *George Scholarius :* il étoit Patriarche de Constantinople , sous le nom de *Gennadius.* Dans la réponse qu'il fit à *Pléthon* , & qui n'est pas parvenue jusqu'à nous , il s'appliqua particuliérement à faire voir que les principes d'ARISTOTE s'accordoient beaucoup mieux que ceux de *Platon* avec la Théologie chrétienne. *Pléthon* répliqua, & traita son adversaire avec toute la hauteur d'un maître qui fait la leçon à son écolier. Cette réplique ferma la

bouche pendant quelque temps à *Gennadius* ; mais il se vengea bientôt d'une
maniere cruelle en accusant *Pléthon* de
vouloir renverser la religion chrétienne
par un systême nouveau de religion
auquel il travailloit. C'est la ressource
des gens qui manquent de raisons, de
décrier l'orthodoxie de leurs adversaires.
Effrayé par cette accusation, *Pléthon*
n'osa publier son livre, & se tint caché
tant qu'il vécut.

Avant que cet événement eût lieu,
ce zélé Platonicien soutint les attaques
des deux autres défenseurs d'ARISTOTE,
Théodore Gaza & *George de Trébizonde*.
Le premier écrivit directement contre
Pléthon, & *George* adressa son écrit au
Cardinal *Bessarion*, disciple de *Pléthon*,
pour le prier de lui faire savoir ce qu'il
pensoit sur la question actuelle. Le Cardinal lui répondit succinctement qu'A-
RISTOTE & *Pléthon* n'étoient pas si opposés qu'il le pensoit, & il le prouva en
expliquant quelques passages des écrits
de ces deux Philosophes.

Cette réponse étoit sage, mais elle
ne satisfit pas *George de Trébizonde* qui en
vouloit déja à *Bessarion*. Pour ménager
la dignité du Cardinal, il feignit de

croire que cet écrit n'étoit pas de *Bessa-rion* , mais de *Gaza* , & le réfuta sans ménagement.

Ce fut ici le signal d'une guerre qui s'alluma bientôt après. Des savants Grecs se joignirent les uns à *Pléthon* , les autres à *Gaza.* Un écrit parut , dans lequel on déchiroit impitoyablement *Platon* & ses ouvrages , & on maltraitoit cruellement *Pléthon.* Il étoit intitulé *Comparatio Platonis & Aristotelis.* Cepen-pendant quoique le feu eût pris dans la querelle des Platoniciens & des Péripa-téticiens , le Cardinal *Bessarion* eut la consolation de concilier les esprits. Les Sectateurs même d'ARISTOTE revinrent de leurs préventions contre *Platon.* Les invectives cesserent de part & d'autre , & la paix regna pendant plusieurs an-nées entre les Philosophes des deux sectes (1).

Ce ne fut cependant ici qu'une treve ; car à mesure qu'on étudia la doctrine de notre Philosophe , le nombre des Péri-patéticiens devint si considérable , qu'il

---

(1) Voyez la *Querelle des Philosophes du quinzieme siecle* par M *Boivin le cadet* , dans le Tome II des *Mémoires de l'Acad. des Inscript.*

éclipfa celui des Platoniciens. On ne
parla plus que d'ARISTOTE dans tout le
monde lettré. On trouva que dans fa
phyfique il avoit parlé en homme ; que
dans fa morale il avoit parlé en Dieu ,
& qu'il y avoit lieu de douter » fi dans
» fes morales il tient plus du Jurifcon-
» fulte que du Prêtre , plus du Prêtre
» que du Prophete , plus du Prophete
» que de Dieu ». Ce difcours répété mit
le feu à l'imagination de plufieurs Péripatéticiens, tellement que prenant ces expreffions à la lettre , ils vénéroient l'i-
mage d'ARISTOTE conjointement avec
celle de *Jefus-Chrift*. Avant la réfor-
mation on lifoit au peuple tous les Di-
manches dans plufieurs églifes d'Allemagne la morale d'ARISTOTE au lieu de
l'Evangile. Les Théologiens foutinrent
que ce Philofophe avoit été le précur-
feur du Meffie dans les myfteres de la
nature , comme faint *Jean-Baptifte* l'a-
voit été dans les myfteres de la grace.
Enfin le Cardinal *Pallavicin* affura que
fans ARISTOTE l'Eglife auroit manqué
de quelques-uns de fes articles de foi ;
Noi mancamavo di molti articoli di fede.

Telle étoit prefque la façon de penfer
de la Sorbonne au commencement du

dix-feptieme fiecle , comme il paroît
par fes repréfentations au Parlement
en faveur de cette doctrine. ⸾⸾On ne
⸾⸾ peut, dit-elle, choquer les principes
⸾⸾ de la Philofophie d'ARISTOTE fans
⸾⸾ choquer ceux de la Théologie fcho-
⸾⸾ laftique reçue dans l'Eglife (1).

Ce fut fans doute à la follicitation de
ce corps illuftre que le Parlement avoit
déja rendu un arrêt qui bannit de fon
reffort trois hommes pour avoir voulu
foutenir des thefes contre la doctrine
d'ARISTOTE ; défendit à toutes perfonnes de publier , vendre & débiter
les proprofitions contenues dans ces
thefes , ⸾⸾ à peine de punition corpo-
⸾⸾ relle , & d'enfeigner aucunes maximes
⸾⸾ contre les anciens Auteurs & approu-
⸾⸾ vés , à peine de la vie (2).

Non feulement la Philofophie péripa-
téticienne s'établit ainfi dans toutes les
Univerfités chrétiennes , mais encore
les Turcs n'enfeignoient les fciences que
conformément aux principes du Lycée.
En un mot , ARISTOTE parvint après fa

---

(1) *Comparaifon de Platon & d'Ariftote* par le P. *Rapin*,
page 413.
(2) *Mercure François* , Tome X.

mort

mort au despotisme des opinions qu'il avoit ambitionné pendant sa vie. Son autorité fut si respectée dans les écoles durant quelques siecles, que lorsqu'un disputant citoit un passage de ce Philosophe, celui qui soutenoit la these n'osoit point dire *transeat :* il falloit qu'il niât le passage, ou qu'il l'expliquât à sa maniere. Et à ce sujet *Bayle* fait cette réflexion qui mérite d'être remarquée. » Les Parlements, dit-il, qui ont pros- » crit toute autre Philosophie que celle » d'ARISTOTE, peuvent être mieux ex- » cusés que les Docteurs ; car soit que » les membres des Parlements fussent » persuadés, comme il y a beaucoup » d'apparence, que cette Philosophie » étoit la meilleure de toutes, soit qu'ils » ne le crussent pas, le bien public a » pu les porter à proscrire les nouveaux » dogmes, de peur que les divisions aca- » démiques ne répandissent leurs ma- » lignes influences sur la tranquillité de » l'État. Ce qui doit donc étonner le » plus les hommes sages, c'est que les » Professeurs se soient si furieusement » entêtés des hypotheses philosophi- » ques d'ARISTOTE. Si on avoit eu cette » prévention pour sa Poétique & pour

» sa Rhétorique , il y auroit eu moins
» sujet de s'étonner ; mais on s'est entêté
» du plus foible de ses ouvrages , je
» veux dire de sa Logique & de sa Phy-
» sique (1).

Il est temps d'examiner ces ouvrages,
& de faire connoître les découvertes &
les travaux de notre Philosophe.

J'ai déja dit qu'ARISTOTE a écrit sur
toutes sortes de sujets, sur tous les arts,
sur toutes les sciences : Art poétique,
Art dramatique, Morale, Politique,
&c. tout a été soumis à ses lumieres, &
il a raisonné sur tout en génie supérieur.

Ce grand homme, lorsqu'il étoit à la
cour de Macédoine, eut part à la revi-
sion des ouvrages d'*Homere* qu'*Alexandre* avoit ordonnée. Il conçut dans ce
travail une si haute estime de ce Poëte,
qu'il le mit au-dessus des meilleurs Ecrivains. Il prit même son Poëme pour
regle de la poésie ; & échauffé par les
grandes images qu'il contient, il composa une Poétique qui renferme de très
belles regles, quoiqu'on la regarde
comme un fragment d'un ouvrage plus
considérable.

---

(1) *Bayle* , art. *Aristote.*

L'Auteur examine d'abord en quoi consiste la poésie. Le Poëte, dit-il, ou parle seul, ou mêle l'action à son récit, ou ne parle point de lui-même, & ne fait parler & agir que ses acteurs. La poésie a donc trois parties, la narrative ou expositive, la dramatique, & une troisieme mêlée des deux : de là naissent les différents genres de poésie, tels que la Fable, le Poëme épique, l'Art dramatique, &c.

La Fable est un discours inventé pour former les mœurs par des instructions déguisées sous l'allégorie d'une action. Cette définition est celle de l'apologue, & elle convient aussi à la Fable épique, laquelle a deux parties ; savoir, l'action racontée, & l'instruction présentée sous l'allégorie de l'action.

L'action du Poëme épique est allégorique. Son but est de plaire & non d'instruire. Il est cependant plus philosophique & plus moral que l'histoire, *parceque le Poëme dit des choses générales, & que l'histoire dit des choses singulieres.*

L'art dramatique a deux parties, la Tragédie & la Comédie. Le but de la Tragédie *est de tomber sous les sens de la vue & de l'ouie des spectateurs, & d'être repréſentée ; & le Poëte , en la compo-ſant , doit avoir en vue la repréſentation & le ſpectateur.*

Le propre de laComédie eſt *de peindre les hommes pires qu'ils ne ſont.* Elle eſt compoſée , ainſi que la Tragédie , de trois arts , de l'art du Poëte qui la fait , de l'art de l'Acteur qui la joue , & de l'art du Peintre & du Machiniſte. A l'égard de la longueur de l'un & de l'autre Poëme , *plus une piece a d'étendue , plus elle ſera belle , pourvu qu'elle ne croiſſe que juſqu'à ce que le ſujet puiſſe être vu tout enſemble.*

ARISTOTE avoit auſſi écrit ſur la muſique ; mais ſon ouvrage n'eſt pas parvenu juſqu'à nous. Il diſoit que *la muſique, mêlant enſemble des ſons aigus & des graves , des ſons qui durent & d'autres qui paſſent plus vîte , forme de ces différentes voix une ſeule harmonie* (1). Ce qu'on ſait encore , c'eſt qu'il regardoit l'harmonie comme quelque choſe de grand , de noble & de divin , & qu'il la diviſoit en deux parties , l'une arithmétique , & l'autre harmonique. L'Auteur des *Re-*

____

(1) Voyez la *Diſſertation ſur la ſymphonie des anciens ,* par M. *Burette* , dans le Tome IV des *Mém. de l'Acad. des Inſcript.*

marques *sur le Dialogue de Plutarque* tou-
chant la musique , a voulu donner une
idée de la doctrine de notre Philosophe ;
mais ce qu'il en dit est peu de chose , &
manque de clarté (1). Nous pouvons
cependant assurer qu'ARISTOTE recon-
noissoit trois genres de musique , dont
l'un étoit destiné à instruire , l'autre à
purger l'ame ou à l'affranchir de certaines passions, & le troisieme au simple
amusement.

Nous possédons les livres d'ARIS-
TOTE sur la Morale , sur la Politique &
sur la Physique, & ce sont ses sentiments
particuliers touchant ces différentes
sciences qui forment véritablement sa
Philosophie , & la doctrine des Péripatéticiens : en voici l'analyse.

ANALYSE DE LA PHILOSOPHIE D'ARISTOTE.

Métaphysique & Morale.

La matiere, qui est le sujet & la base
de tous les corps , est incréée & incor-

---

(1) Voyez le Tome XIII des *Mémoires de l'Académie
Royale des Inscriptions.*

ruptible : il y a auffi une forme incréée
& incorruptible , qui eft *l'ame du monde* ,
de laquelle toutes les formes font écou-
lées , comme tous les corps font un écou-
lement de la matiere univerfelle. Cette
ame eft compofée d'une partie très pure
qui eft *Dieu* , & d'une autre partie
moins pure qui eft l'ame.

Ainfi le monde eft animé , & toutes
les chofes ont leur intelligence , quoique l'ame ne fe manifefte pas par-tout ;
& comme cette ame , qui n'eft autre
chofe que Dieu , eft très intelligente &
préfente par-tout , elle connoît tout ,
& contient dans elle l'*exemplaire* de
toutes les chofes comme étant la caufe
de tout , & ne faifant rien qu'avec deffein.

Cet exemplaire eft une idée , un
principe , une caufe ; de forte qu'il
n'eft point un être féparé de l'efprit
de Dieu : c'eft une feule & même
chofe , quand on la confidere par ce
qu'elle eft ; mais en la regardant par ce
qu'elle contient, elle eft multiple , en ce
qu'elle embraffe les modeles de plufieurs
chofes. C'eft un fceau que l'on peut
appliquer fur plufieurs morceaux de cire
ou de matiere , qui produit un caractere

fingulier , fuivant la difpofition de cette matiere (1).

Les fens font les juges de la vérité par rapport aux opérations de l'i-
magination ; & l'entendement l'eft
relativement aux chofes qui regardent les loix & le gouvernement do-
meftique , dont le but eft de rendre les
homme heureux.

Il n'y a qu'une fin , qui eft la jouif-
fance de la vertu ; mais la perfection
dépend de trois fortes de biens ; ceux
de l'ame , qui ont le premier rang & le
plus de pouvoir ; ceux du corps, comme
la fanté , la force, la beauté , & les
autres biens qui ont rapport à ceux-là.
Il y a encore des biens extérieurs qui
contribuent à la félicité , comme la ri-
cheffe , la nobleffe , la gloire , &c.

Ainfi la vertu feule ne fuffit pas pour
être heureux : il faut encore que les
biens corporels & extérieurs fe trouvent
joints avec elle ; de forte que , quoique
fage, on ne laiffe pas d'être malheureux
fi on eft accablé de travaux , ou fi l'on
eft dans la pauvreté , ou enfin fi l'on eft

---

(1) *Hiftoire de l'Académ. Royale des Infcript.* Tome XII, page 24.

affligé d'autres maux pareils. Il n'en eſt pas de même du vice, qui ſuffit pour rendre malheureux, quand on auroit d'ailleurs en abondance les biens du corps & les biens extérieurs.

Toutes ſortes de ſciences ſont utiles pour acquérir de la vertu : auſſi doivent-elles être l'occupation du ſage. Cependant il y a un choix à faire dans les ſciences. Les ſciences ſe diviſent en ſciences ſpéculatives, en ſciences des mœurs, & en ſciences qui dépendent ou de la contemplation, ou du mouvement. La ſcience de contemplation eſt la plus excellente opération de l'entendement, parcequ'elle eſt plus épurée de la matiere, parcequ'elle ſe ſuffit à elle-même, en ce que l'homme peut contempler ſeul, parcequ'elle eſt dans le repos, tandis que la vie eſt dans le trouble & dans l'agitation. Dans celle-ci l'homme agit en qualité d'homme, au lieu que l'autre a quelque choſe de divin (1).

Le ſage ne peut pas être exempt de paſſions, mais il doit avoir des paſſions modérées. Il ne faut pas eſpérer qu'il

______

(1) Voyez le Tome V des *Mémoires de l'Académ. Roy. des Inſcript.* page 5.

poffede toutes les vertus , car les vertus
ne font point liées enfemble , en forte
que l'une fuive de l'autre. Il fe peut
qu'un homme prudent ou un homme
jufte foit intempérant ou incontinent :
il ne doit pas rougir d'aimer , d'embraf-
fer l'état du mariage , de remplir des
charges publiques , de vivre à la cour
des Princes.

L'amitié eft une égalité de bienveillance réciproque. Il y a trois fortes
d'amitié ; l'amitié de parenté , l'amour
& l'hofpitalité. On diftingue auffi deux
fortes d'amour , celui des fens , & celui
qu'infpire la Philofophie.

L'amour de la Philofophie eft fi utile
pour former l'homme vertueux , qu'il
y a la même différence entre un favant
& un ignorant qu'entre un homme vi-
vant & un cadavre. Le favant agit pour
le bonheur du genre humain , & l'ignorant vit dans l'inaction , & eft incapable
de tout bien. Pour foi , le favoir fert
d'ornement dans la profpérité & de con-
folation dans l'adverfité. La Philofophie
apprend encore à faire volontairement
ce que les hommes font par contrainte.

Soyons amis de *Socrate* & de *Platon* ,
mais encore plus de la vérité. Souve-

nons-nous qu'il n'y a que l'étude des
fciences qui puiffe éclairer l'homme ;
que fi elles ont des racines ameres, elles
rapportent des fruits doux , & que l'inf-
truction eft un guide qui nous mene heureufement à la vieilleffe. Enfin defirons
la médiocrité en toutes chofes, car la
vertu eft placée entre un acte mauvais
par excès & un acte mauvais par défaut.

Logique.

» Il ne parut rien de réglé & d'établi
» fur la Logique devant ARISTOTE, dit un
» homme d'efprit déja cité (1). Ce génie
» fi plein de raifon & d'intelligence, ap-
» profondit tellement l'abime de l'efprit
» humain , qu'il en pénétra tous les ref-
» forts par la diftinction exacte qu'il fit
» de fes opérations. On n'avoit point
» encore fondé ce vafte fond des penfées
» de l'homme pour en connoitre la pro-
» fondeur. ARISTOTE fut le premier
» qui découvrit cette nouvelle voie pour
» parvenir à la fcience par l'évidence de
» la démonftration , & pour aller géo-
» métriquement à la démonftration par

-----

(1) Le P. *Rapin* , *Réflex. fur la Logique.*

» l'infaillibilité du fyllogifme, l'ouvrage
» le plus accompli & l'effort le plus
» grand de l'efprit humain. Voilà en
» abrégé l'art & la méthode de la Lo-
» gique d'Aristote, qui eft fi fure,
» qu'on ne peut avoir de parfaite certi-
» tude que par cette méthode, laquelle
» eft une regle de penfer jufte ce qu'il
» faut penfer.

On peut louer dignement le traité du
fyllogifme de ce Philofophe fans employer des expreffions fi outrées, comme
Bayle le remarque fort bien. Le P. *Ra-*
pin eft encore blâmable pour avoir compris dans l'éloge du fyllogifme toute la
Logique d'Aristote, qui eft obfcure &
embarraffée, ainfi qu'on va le voir par
l'expofition fuccincte de fes principes.

Toutes nos idées viennent des fens.
Voilà d'abord une premiere vérité (felon
Aristote) qu'il faut reconnoître. Cela
pofé, on doit confidérer deux objets
dans la Logique, le vrai & le vraifem-
blable. Elle nous apprend par quels degrés on diftingue l'un de l'autre, & nous
conduit ainfi à la parfaite connoiffance
des chofes. A cette fin elle nous fait
connoître de quelle maniere on peut fe
tromper, & quels font les moyens dont

on doit faire ufage pour s'oppofer à la naiffance de l'erreur.

L'efprit humain parvient à la connoiffance de quelque chofe par trois degrés, qui font les trois actions de l'efprit. 1°. Il connoît fimplement les chofes fans en porter aucun jugement. 2°. Il donne fon jugement. 3°. Il tire une conféquence du jugement qu'il a donné.

Mais nos conceptions font fujettes à erreur ; les jugements que nous faifons font ordinairement faux , & il arrive fouvent que les conféquences que nous tirons ne font pas bien déduites. La Logique vient au fecours de notre foibleffe naturelle , en nous apprenant à bien concevoir, à bien juger , & à bien tirer des conféquences , & en nous faifant connoitre clairement les êtres qui font les fujets de nos réflexions.

L'être eft ou ce qui fe foutient par lui-même , ou ce qui eft foutenu. Ce qui fe foutient par lui-même , c'eft-à-dire , ce qui n'eft point attaché à quelque fujet , s'appelle *fubftance*. Et ce qui eft foutenu par quelque fujet , eft appellé *accident*.

La fubftance eft ou univerfelle, comme l'Homme , ou finguliere, comme Pierre.

L'accident eft ou univerfel , comme la

Science, ou singulier, comme une science particuliere, telle que la Grammaire, la Logique, &c. La substance & l'accident constituent l'essence de l'être ; mais l'un & l'autre se modifient en dix manieres différentes qu'on appelle *catégories*. Ce sont diverses classes des sujets auxquels on réduit tous les objets de nos pensées, en comprenant toutes les substances sous la premiere, & tous les accidents sous les neuf autres.

Premiere catégorie. La *substance* est ou spirituelle, ou corporelle.

2e. La *quantité*, qui s'appelle *discrete* quand les parties ne sont point liées.

3e. La *qualité*, qui comprend les *habitudes*, les *puissances naturelles*, les *qualités sensibles*, la *forme* & la *figure*.

4e. La *relation*, ou le rapport d'une chose à une autre.

5e. *Agir*, ou en soi-même, comme danser, marcher, &c.

6e. *Pâtir*, ou être battu, rompu, &c.

7e. *Où*, c'est-à dire, ce qu'on répond aux questions qui regardent le lieu.

8e. *Quand*, ce qu'on répond aux questions qui regardent le temps.

9e. La *situation*, être assis, debout, &c.

10e. *Avoir*, c'est-à-dire, avoir quelque chose autour de soi pour servir de vêtement ou d'ornement.

Les Péripatéticiens ont préconisé beaucoup, & pendant long-temps, ces catégories dont ils faisoient un mystere. C'étoit, selon eux, une invention merveilleuse dont ils se réservoient le secret. Cependant le judicieux Auteur de l'Art de penser remarque fort bien que cette invention, bien loin de former le jugement, ce qui est le but de la Logique, y nuit souvent, & cela pour deux raisons. La premiere, c'est qu'on regarde ces catégories comme une chose établie sur la raison & sur la vérité, au lieu que c'est une chose arbitraire qui n'a d'autre fondement que l'imagination d'un homme, lequel n'a aucune autorité de prescrire une loi à personne, parceque chacun a le droit d'arranger d'une autre maniere les objets de ses pensées. La seconde raison qui rend l'étude des catégories dangereuse, c'est qu'elle accoutume l'esprit à se payer de mots, à s'imaginer qu'on sait toutes choses lorsque l'on ne connoit que des noms arbitraires (1).

______

(1) *Art de penser*, page 26 de la sixieme édition.

A l'égard du syllogisme, c'est assurément une invention très belle. On appelle *syllogisme* un argument dont les deux premieres propositions sont si bien disposées, qu'elles produisent nécessairement une conclusion différente de ces deux propositions. Il est composé de trois termes, qui sont le grand, le petit & le moyen. Le grand terme est l'attribut de la conclusion ; le petit terme est le sujet de la conclusion, & le moyen terme est celui qui n'entre pas dans la conclusion. Par exemple dans cet argument,

> Toute vertu est louable :
>
> La charité est une vertu ;
>
> Donc la charité est louable :

le mot louable est le grand terme, celui de charité le petit terme, & celui de vertu est le moyen.

Le syllogisme est formé de trois propositions ; savoir, la *majeure*, la *mineure* & la *conséquence*. La majeure est composée du moyen & du grand terme ; la mineure est composée du petit terme & du moyen, & la conséquence contient le petit & le grand terme, &c. Mais toute cette doctrine a été exposée dans l'analyse de la *Logique*, ou *Art de penser*, que j'ai déja publiée (1) , parceque l'Auteur (*Nicole*) a pris d'ARISTOTE toutes les regles de cet art. »Il n'y a » point d'Auteur, dit-il, dont on ait » emprunté tant de choses dans cette » Logique que d'ARISTOTE , puisque » le corps des préceptes lui appar- » tient (2) ». C'est le plus bel éloge qu'on puisse faire de la Logique d'ARIS- TOTE ; car tout le monde sait de quel poids est le suffrage de l'Auteur de l'Art de penser.

Physique.

La Physique est la méthode nécessaire pour acquérir la connoissance des choses naturelles. Les choses palpables sont son premier objet : ce sont elles qu'on nomme corps.

Le *corps* est une substance palpable en tant qu'elle est composée de matiere & de forme. Il ne remplit qu'une partie de l'univers : le reste est vuide.

Pour parvenir à le connoître , il faut établir des *principes*. Il y en a trois ,

---

(1) Voyez l'*Histoire des Philosophes modernes* , Tome I.
(2) *Art de penser* , second Discours , page XLIV.

la *privation*, la *matiere* & la *forme*.

La privation fait connoître la matiere de chaque chofe en la réduifant au non-être de la chofe.

La matiere eft le fujet propre & immédiat dont chaque chofe eft faite : elle nous fait connoître la forme qui en eft tirée.

La forme eft ce qui fait que chaque chofe eft ce qu'elle eft.

Les *éléments* font les plus fimples de tous les corps, c'eft à-dire, de toutes les fubftances palpables : ils ne font point compofés d'autres corps : il y en a quatre, le *feu*, l'*air*, l'*eau* & la *terre*.

Les éléments contribuent à la compofition des mixtes non feulement par leur puiffance paffive, comme matiere, mais encore par leur puiffance active, & par leurs qualités.

La *chaleur*, la *froideur*, l'*humidité*, la *fécherefſe*, font les quatre premieres qualités élémentaires qui contribuent aux changements phyfiques des corps. La chaleur eft une qualité qui affemble les chofes homogenes, ou de même nature, & qui diffipe les chofes hétérogenes, ou de diverfe nature. Et la froideur eft ce qui affemble indifféremment

les choses homogenes & les choses hétérogenes.

Le *sec* est la qualité d'un corps qui se
contient dans ses propres bornes. Et
l'*humide* est un corps qui ne s'y soutient
pas, & qui a besoin des bornes étrangeres qui la contiennent, &c. (1).

Outre les quatre éléments, il y a une
cinquieme *essence* qui n'a ni légéreté,
ni pesanteur, & qui forme tous les corps
célestes : elle est incorruptible & éternelle. Les corps célestes sont l'unique objet des soins du Créateur, qui ne se mêle
point des corps sublunaires. Comme la
terre est le pays des changements, de la
corruption & de la génération, Dieu n'y
prend aucune part : il se renferme dans
les cieux qui sont incorruptibles.

Tout ce qui arrive sur la terre est
l'ouvrage de la *nature*, c'est à dire, d'un
principe effectif qui rend tous les corps
où elle réside capables de mouvement
& de repos. C'est elle qui produit les
formes, ou plutôt qui se divise & se
soudivise en une infinité de manieres,

---

(1) Voyez la *Physique de Rohault*, ou l'histoire de ce
Philosophe dans le Tome VI de l'*Histoire des Philosophes
modernes. Voyez* aussi le *Parallele de la Physique d'Aristote
avec celle de Descartes*, par le P. *Bossu.*

ſelon que la matiere le demande.

Les corps organiſés vivent par le moyen d'une *entéléchie :* c'eſt le nom d'une choſe dont la forme eſt incorporelle. Ce mot a été une énigme qui a tant embarraſſé pluſieurs fameux Péripatéticiens , qu'ils ont eu recours au démon pour pouvoir la deviner.

Les corps périſſent ; mais il ſe forme de nouveaux êtres , & ces êtres périſſent à leur tour. La génération naît de la corruption , & l'être ſe forme du nonêtre ; mais il n'y a que les corps ſimples & primitifs qui y ſoient ſujets : eux ſeuls reçoivent de nouvelles formes , tous les autres corps n'étant que des mélanges & des entrelacements de ces premiers. Ce ſont ces formes qui regardent les divers phénomenes de la nature , tels que les météores aqueux & ignés , la pluie , la neige , la grêle , la roſée , &c.

Aristote détaille avec ſoin tous ces météores. Il donne même une explication aſſez ingénieuſe de l'arc en ciel , qui ne diffère pas beaucoup de celle de *Deſcartes*. Il avoit encore une penſée très juſte ſur les révolutions qui arrivent ſur le globe de la terre. Selon lui , ce

qui eſt mer peut devenir continent ; &
réciproquement ce qui eſt continent peut
devenir mer ; car ce globe eſt , dit-il ,
ſujet à diverſes révolutions. Et le temps,
ainſi que les événements , ont vérifié ſa
prédiction (1).

Il y a ſans contredit dans la Phyſique
d'ARISTOTE pluſieurs queſtions bien
éclaircies ; mais le total de cet ouvrage
ne vaut rien : *infelix operis ſumma* , dit
Bayle. Et cet habile critique ajoute
cette réflexion bien vraie , & par conſéquent digne de remarque : » La
» principale ſource de ce défaut eſt
» qu'ARISTOTE abandonna le chemin
» des plus excellents Phyſiciens qui
» euſſent philoſophé avant lui. Ils
» avoient cru que les changements qui
» arrivent dans la nature ne ſont qu'un
» nouvel arrangement des particules de
» la matiere : ils n'avoient point admis
» de génération proprement dite : ce
» fut un dogme qu'il rejetta, & par cette
» rejection il fut dérouté. Il fallut qu'il
» enſeignât qu'il ſe produit de nouveaux
» êtres , & qu'il s'en perd : il les diſtin-

---

(1) Voyez le Tome XVI des *Mémoires de l'Académie
Royale des Inſcriptions*.

» gua de la matiere ; il leur donna des
» noms inconnus : il affirma ou il suppofa
» des chofes dont il n'avoit aucune idée
» diftincte. Or il eft auffi impoffible de
» bien philofopher fans l'évidence des
» idées, que de bien naviger fans voir
» l'étoile polaire , ou fans avoir une
» bouffole. C'eft perdre la tramontane
» que d'abandonner cette évidence ;
» c'eft imiter un voyageur qui , dans un
» pays inconnu , fe déferoit de fon
» guide ; c'eft vouloir roder de nuit fans
» chandelle dans une maifon dont on
» ignore les êtres (1).

C'eft auffi le fentiment d'un favant Mathématicien de nos jours. ARISTOTE, dit-il , a furpaffé les autres Philofophes en établiffant les divifions & les défini-tions relatives à fes fujets avec une exactitude particuliere ; mais plufieurs de fes préceptes font exprimés fi inin-telligiblement , que, quoiqu'on ait pris les plus grandes peines pour découvrir fa penfée, on n'a pu la pénétrer , & on difpute encore pour favoir quels font fes fentiments fur quelques objets de la plus grande importance (2). On a même

____

(1) *Dict. de Bayle* , art. *Arift.* note M.
(2) *Expofition des découvertes philofophiques de M. le Chevalier Newton* , par M. *Maclaurin* , page 35.

cru , lorsqu'on a commencé à en faire
une étude férieufe , qu'il n'y avoit que
l'Antechrift » qui dût bien entendre les
» livres d'ARISTOTE dont il fe ferviroit
» pour convaincre tous ceux qui entre-
» roient en difpute contre lui (1) ».
Voilà fans doute le plus grand défaut
que puiffe avoir un ouvrage , & qui a
fait tomber la doctrine de notre Philofophe fans efpérance de retour.

ARISTOTE a compofé un ouvrage fur
la méchanique, qui eft intitulé *Queftions
méchaniques* , dans lequel il a tâché de
réfoudre des problêmes fur l'équilibre
des forces ; mais il n'a rien donné qui
foit digne de la moindre attention (2).

Il a fait auffi de vaftes collections fur
l'hiftoire naturelle par les libéralités
d'*Alexandre* fon éleve. Ce font des écrits
généraux & théoriques fur la nature ,
où , quoique les raifonnements puiffent
paroître fubtils & ingénieux , les con-
clufions qu'il en tire font ordinairement
détruites par des découvertes plus ré-
centes (3). D'ailleurs fon hiftoire des
animaux manque d'exactitude , & eft

____

(1) *Dict. de Bayle* , art. *Arift.* note H.
(2) Voyez l'*Hiftoire des progrès de l'Efprit humain dans
les fciences exactes* , page 276.
(3) *Expof. des déc. philof.* par *Maclaurin* , page 36.

remplie de fautes d'anatomie. Il eſt vrai que la plupart de ces taches pro- viennent de l'ignorance des temps , & qu'Aristote n'a pas pu les prévenir.

ARCHIMEDE.

Mlle Cl. Roussellet del.

Rousselet sc.

ARCHIMEDE *.

» LA Philosophie d'*Aristote* nous donne
» lieu de remarquer , dit un savant Ma-
» thématicien (1) , que la plus grande
» pénétration , sans d'autres secours ,
» sera toujours d'une moindre utilité
» dans l'étude de la nature que dans la
» Métaphysique & dans la Dialectique
» où la force du génie peut à la vérité
» produire des merveilles ». Si ce Philosophe eût suivi la méthode de *Platon* son
illustre maître , il ne se fût point égaré
dans cette étude comme il a fait. Il auroit moins écrit , mais il eût écrit plus
solidement. *Platon* allia toujours les Mathématiques à la Philosophie , & cette
méthode a donné à ses ouvrages , même
de morale & de législation , une précision & une justesse qui les font lire encore aujourd'hui avec plaisir ; au lieu
que ceux d'*Aristote* , confus & mal digé-

---

* *Recherches sur la vie d'Archimede* , par M. *Melot*,
dans le XIVe. Volume des *Mémoires de l'Acad. Royale des
Inscriptions. Bibliot. Græc de Fabricius* , Tome II. *Plu-
tarc.* in Marcell. *Dictionnaire hist & crit. de Chaufepié*,
art. *Archimede* , &c. &c. Et ses ouvrages.

(1) *Maclaurin.*

rés, font abfolument abandonnés.

C'étoit donc une chofe abfolument néceffaire que l'ufage des Mathématiques dans l'étude de la nature. Perfuadé de cette vérité, le fucceffeur d'*Ariftote* cultiva les Mathématiques avec un foin extrême. Né avec un génie dévorant, il fuivit avec autant de conftance que d'ardeur la chaîne des vérités fublimes qui forment la fcience des Mathématiques; & fon efprit fe complut tant à ces vérités, qu'il dédaigna toute autre occupation. Son application étoit fi profonde, qu'il oublioit jufqu'à l'heure de fes repas ; de forte que fes domeftiques étoient obligés de l'arracher de fon cabinet pour lui faire prendre quelque nourriture. Auffi non feulement fit-il des découvertes dans toutes les parties des fciences exactes, il jetta encore les fondements de toutes celles qu'on pourroit faire dans la fuite. On peut dire qu'il n'a pas paru de génie plus profond dans l'antiquité, & c'eft avec juftice qu'on le regarde comme le premier reftaurateur des fciences exactes : titre d'autant plus glorieux, que ces fciences exigent beaucoup de pénétration, une extrême jufteffe d'efprit, une grande fagacité, &

un recueillement abſolu : qualités ſi rares , qu'on ne compte qu'un très petit nombre d'hommes qui aient été aſſez heureux pour les réunir.

Celui qui va nous occuper s'appelloit ARCHIMEDE. Il naquit à Syracuſe vers l'an 287 avant *Jeſus-Chriſt*. On ne connoît point ſa famille , mais on ſait qu'il étoit parent d'*Hiéron* , Roi de Syracuſe. Les Hiſtoriens de la Philoſophie n'ont point parlé de ſon éducation ; ils nous apprennent ſeulement que dans ſa jeuneſſe il voyagea en Egypte , où il fut , dit-on , attiré par la réputation d'*Euclide* qui enſeignoit alors les Mathématiques à Alexandrie. Si cela eſt , ARCHIMEDE avoit reçu en naiſſant un goût pour l'étude de cette ſcience. Il devoit même en avoir quelque notion lorſqu'il alla voir *Euclide* , puiſqu'il ſavoit apprécier ſon mérite.

Quoi qu'il en ſoit , ARCHIMEDE demeura long-temps en Egypte , & il y cultiva les Mathématiques avec le plus grand ſuccès. Les premieres preuves qu'il donna de ſa capacité furent très utiles aux Egyptiens.

Le Nil minoit depuis long-temps les levées ſur leſquelles les villes & les bourgs de l'Egypte étoient bâtis. Tous les habitants s'attendoient à périr un jour misérablement sous les ruines de leurs maisons : mais notre Philosophe dissipa leurs alarmes en prévenant ce malheur. Il assura d'abord les terres par de nouvelles digues, dont la figure & la solidité laissoient peu de prise à l'action de l'eau. Après cela il fit construire plusieurs ponts qui servirent dans la suite de communication entre les bourgs & les villes pendant le débordement du Nil.

Ce ne fut pas là le dernier service qu'il rendit aux Egyptiens. Ayant remarqué que le Nil en se retirant laissoit toujours dans les fonds & dans les endroits bas une partie de ses eaux limonneuses qui y croupissoient & infectoient les lieux d'alentour, il chercha une machine qui pût puiser ces eaux facilement, promptement, & sans employer de grandes forces ; & il fut assez heureux pour la découvrir. C'est cette fameuse vis fort connue sous le nom de la *vis d'Archimede*, dont le méchanisme est si étonnant, qu'il forme un problême qu'on n'a peut-être point encore résolu. Voici d'abord la description de cette machine.

Elle confiste en un cylindre de bois, autour duquel eft entortillé en forme de fpirale un canal ouvert par les deux bouts. On plonge le cylindre dans l'eau de maniere que l'extrémité inférieure du canal y entre jufqu'à un pied de profondeur : alors, au moyen d'une manivelle appliquée à l'extrémité fupérieure du cylindre, on tourne ce cylindre en l'inclinant, & l'eau monte le long du tuyau qui y eft entortillé, & vient fortir par le trou fupérieur de ce tuyau. Cela eft admirable. ARCHIMEDE femble changer ici l'ordre de la nature, puifque la pefanteur qui fait defcendre tous les corps fait monter l'eau dans la machine qu'il a inventée. Auffi *Galilée*, un des plus grands Philofophes modernes (1), l'appelle une invention non feulement merveilleufe, mais encore miraculeufe : *Non folo è maravigliofa, ma è miracolofa.* Il femble cependant que l'eau ne monte à l'aide de la vis que parcequ'elle defcend à chaque inftant par fon propre poids dans le canal de la vis. En effet, tous les pas de la vis, c'eft à-dire, tous

---

(1) Voyez fon hiftoire dans le Tome V de l'*Hiftoire des Philofophes modernes.*

les plis du canal, repréſentent autant de plans inclinés. En inclinant la vis en ſorte que le premier pli du canal forme un angle avec la ſurface de l'eau & ſous cette ſurface, alors l'eau entre dans ce canal en tombant le long de ce premier pli ; & ſi l'on fait tourner la vis ſur ſon axe, le ſecond pli du canal ſe préſente à l'eau renfermée dans le premier pli, comme ce premier pli s'eſt préſenté d'abord à la ſurface de l'eau ; & par conſéquent l'eau renfermée dans ce premier pli doit encore tomber le long du ſecond pli.

La même choſe arrivera au troiſieme pli, & à tous les autres plis, juſqu'à ce qu'enfin l'eau ſorte par l'ouverture ſupérieure du canal entortillé : d'où il faut conclure que ce n'eſt qu'en tombant par ſon propre poids que l'eau monte en effet à l'aide de la vis.

Cette explication, qui eſt de M. *Mebot*, eſt aſſez naturelle : cependant elle n'a ſatisfait aucun Mathématicien. En l'examinant avec attention, on a trouvé qu'elle ne s'accordoit point avec les principes de la méchanique : auſſi les plus habiles Géometres ont cherché une autre explication, ſans réſoudre le problême.

Depuis *Galilée* qui avoit essayé en vain de rendre raison de l'effet surprenant de la vis d'ARCHIMEDE, M. *Belidor* avoit promis de bien éclaircir la théorie de cette machine ; mais il n'a pas tenu parole. M. *Daniel Bernoulli* , M. *Pitot* , M. *Euler* & le P. *Belgrado* Jésuite ont écrit successivement sur cette théorie , & c'est encore une question de savoir s'ils ont réussi. Ce Jésuite paroît avoir approché bien près du but , s'il ne l'a pas atteint. Il prétend qu'un pli ou un arc de la vis est une espece de siphon dont les branches ne sont point égales : ainsi l'eau monte & descend ; mais comme les arcs de la vis sont égaux , & qu'ils sont encore emportés dans des temps égaux , le mouvement de l'eau ne peut tomber sous les sens , & elle doit paroître en repos (1). Enfin un dernier Auteur soutient que l'eau ne peut monter en descendant dans la vis d'ARCHIMEDE, de quelque maniere que ce puisse être : il traite même ce sentiment d'absurde. Il prétend que cette machine fait la triple fonction d'un coin , d'un plan

---

(1) *Theoria cochleæ Archimedis ab observationibus, experimentis , & analyticis rationibus ducta.*

incliné , & d'un cabestan. Ses preuves ne font peut-être pas affez lumineuses , mais fon ouvrage eft favant , & mérite d'être lu (1).

ARCHIMEDE nous auroit épargné bien des travaux s'il eût laiffé la théorie de cette machine comme celle de plufieurs autres dont on lui attribue l'invention. Mais la connoiffoit-il véritablement ? L'Auteur de la théorie de fa vis prétend qu'il ne l'a jamais recherchée , & que de fon temps , comme du nôtre , on l'a toujours conftruite méchaniquement. Il veut encore que cette vis ne doive rien à l'imagination de notre Philofophe. La nature lui en a préfenté des modeles , dit-il , & c'eft peut-être le peu de peine qu'elle lui a coûté qui lui a fait négliger d'en parler dans fes écrits. On voit tous les jours , ajoute cet Auteur , fur les bords de la mer , des coquillages qui imitent affez bien la limace ou le tuyau de la vis. Tels font les limaçons en fabot ou cul de lampe, qui fe trouvent en quantité à Syracufe , & en Egypte fur les côtes de la Mer Rouge : tels font encore les buccins , les volutes ,

---

(1) *Théorie de la vis d'Archimede* , par M. *Paucton.*

les vis, &c. Il convient pourtant que
ce n'eſt point donner atteinte à la gloire
d'ARCHIMEDE que de prétendre qu'il
n'a point imaginé la limace ou le tuyau
qui entoure le cylindre. Mais ce ſeroit
l'atténuer que de réclamer cette invention en faveur des Egyptiens, comme
l'ont voulu *Cardan*, M. *Perrault*, les
PP. *Catrou* & *Rouillé*, en s'appuyant
ſur des paſſages de *Diogene* de Sicile,
qui n'exiſtent point, & ſur des raiſons
qui ne ſont point recevables (1).

Il eſt certain que la vis dont j'écris
l'hiſtoire fit un honneur infini à notre
Philoſophe. De retour à Syracuſe, ſa
réputation y étoit ſi bien établie, qu'il
pouvoit jouir de ſa gloire dans le ſein
de la volupté : ſon nom étoit connu dans
le monde, & la cour d'*Hiéron*, ſon parent
& ſon ami, lui offroit tous les plaiſirs :
mais il avoit goûté les douceurs de l'é-
tude & les ſatisfactions qu'elle procure,
& il s'y livra entiérement ſans que rien
fût capable de l'en diſtraire.

Plutarque dit dans la vie de *Marcellus*,
» qu'ARCHIMEDE, charmé par une

____

(1) Voyez le *Mémoire* de M. *Melot*, ci-devant cité,
page 131.

» Sirene domeſtique , & qui ne le quit-
» toit point , en oublioit tous les beſoins
» du corps ; que ſouvent trainé malgré
» lui au bain , tandis que les eſclaves
» le baignoient & le frottoient d'huile ,
» il traçoit des lignes & des figures ſur
» la cendre du foyer , ſur ſa peau , &
» par-tout où il pouvoit, véritablement
» épris des charmes d'un grand plaiſir ,
» & tranſporté hors de lui même par
» la muſe qui le poſſédoit.

C'étoient les vérités mathématiques qui l'occupoient , & tout le monde ſait que ces vérités captivent abſolument l'eſprit de ceux qui ſont aſſez heureux pour les connoître. Il n'eſt point de ſatisfaction plus grande ici bas que celle qu'on éprouve lorſqu'on voit la vérité : elle eſt la lumiere de l'ame & l'objet de toutes ſes recherches. Il ne faut donc point s'étonner ſi ARCHIMEDE ne vouloit point perdre de vue une application qui l'affectoit ſr agréablement. Des découvertes ſublimes & ſans nombre furent le prix de ſes travaux , & ont éterniſé ſon nom. Nous ignorons dans quel ordre ces découvertes furent faites. C'eſt beaucoup qu'elles nous ſoient parvenues, & ce ſera aſſez de les expoſer dans leur ordre naturel.

On lit dans l'histoire qu'*Hiéron*, qui se plaisoit à la conversation des Savants, dans le dessein de les embarrasser, leur demanda un jour combien il faudroit de grains de sable pour remplir tout le firmament. Cette question parut d'abord une simple plaisanterie qu'on ne jugea pas digne de réponse. Un seul d'entre ces Savants, par respect pour le Roi, dit qu'il étoit impossible de satisfaire à cette demande, vu que nos paroles étant essentiellement limitées aussi bien que nos pensées, elles ne pouvoient exprimer l'infini, tel que seroit le nombre qu'il faudroit seulement pour exprimer la quantité de grains de sable qui étoient au rivage de Syracuse, & à plus forte raison celle qui seroit nécessaire pour remplir le firmament. Mais cette réponse parut fort mauvaise à un autre Philosophe.

Celui-ci dit à son tour qu'il n'y a rien d'infini, excepté la Divinité, & que, quoique personne ne pût déterminer le nombre de grains de sable qu'on vouloit déterminer, quand même il passeroit sa vie à accumuler millions sur millions, il ne pourroit rien conclure, si ce n'est que l'infini est plus grand que tout nombre qu'on peut désigner.

La dispute s'échauffa & dégénéra bientôt en des subtilités scholastiques qui étoient fort étrangeres à la question. *Hiéron*, peu satisfait de leur querelle, demanda à ARCHIMEDE ce qu'il pensoit sur cette question; & ce grand homme répondit qu'elle étoit très soluble. Et sur le champ il se mit en devoir de le faire.

Je demande, dit-il à l'assemblée, que vous m'accordiez que ce grain de pavot, ou une sphere qui lui sera égale, ne peut contenir plus de cent grains de sable. Je demande encore, ajouta-t-il, que vous m'accordiez que quarante grains de pavot se touchant les uns les autres, sont au moins égaux à un pouce géométrique. Enfin je suppose une chose vraie, c'est que les spheres sont entre elles comme les cubes de leurs diametres.

Cela posé, puisqu'entre le diametre d'un grain de pavot & une sphere d'un pouce il y a la proportion d'un à quarante, en cubant ces deux diametres on trouvera qu'une sphere d'un pouce contiendra soixante-quatre mille grains de pavot; & chaque pavot contenant cent grains de sable , la sphere d'un pouce contiendra six millions quatre cents mille grains de sable.

En suivant la proportion des spheres de différentes grosseurs jusqu'au globe de la terre , le calcul donne le nombre de grains de sable qui pourroient former ce globe , s'il étoit composé de tel sable , ou plutôt de telle poussiere, qu'il en fallût cent pour remplir un grain de pavot , & ce nombre est : millions cent vingt-trois de neuf millions , neuf cents quarante & deux de huit millions , & quatre cents de sept millions (1).

Il est aisé de pousser ce calcul jusqu'au nombre des grains de sable que pourroit contenir le firmament , en ayant égard à la raison du diametre de la terre à celui du firmament (2).

---

(1) Voici le calcul en chiffres.

10 9 8 7 6 5 4 3 2 1
1,113,941,400,000,000,000,000,000,000,000,000.

M. *Pascal* a fait un calcul à peu près semblable lorsqu'il a évalué le poids de toute la masse entiere de la sphere de l'air qui environne la terre, & il a trouvé huit quatrilliards deux cents quatre-vingt-trois trilliards huit cents quatre-vingt-neuf billiards quatre cents quarante milliards de livres , c'est-à-dire ,

8,283,889,440,000,000,000.

Voyez le *Traité de l'Equilibre des liqueurs* , page 123.

(2) Voyez *De Numero arenæ. Wallis opera* , Tome II. L'*Hydrographie du P. Fournier* , page 618. *Historia Matheseos universæ* , 1742.

De l'étude de l'Arithmétique, Archimede, passant à celle de la Géométrie, fit de très belles découvertes dans
cette science. Il trouva la maniere de
déterminer la surface & la solidité de la
sphere & du cylindre ; démontra que la
sphere est les deux tiers, tant en surface
qu'en solidité, du cylindre circonscrit ;
que l'aire de chaque segment cylin-
drique, compris entre des plans perpen-
diculaires à l'axe, est égale à celle du
segment sphérique qui lui répond ; que
tout cercle & tout secteur circulaire est
égal à un triangle dont la base est l'arc du
secteur, & la hauteur le rayon, & que
le diametre du cercle est à sa circonférence comme 7 à 22 : enfin il découvrit
la quadrature de la courbe appellée parabole, c'est-à-dire qu'il détermina
l'espace compris entre l'arc de cette
courbe & une ligne droite (1).

Pendant que notre Philosophe étoit
livré à cette étude profonde de la Géométrie, & qu'il jouissoit du plaisir déli-
cieux que procurent les vérités qu'on y
découvre, le Roi de Syracuse cherchoit

____

(1) On trouvera le développement de toutes ces découvertes dans l'*Histoire des progrès de l'Esprit humain dans les
ciences exactes*, page 70 & suiv.

la folution d'un autre problême , & ne la trouvoit pas. Il s'agiffoit de favoir fi un Orfevre, à qui il avoit fait faire une couronne d'or , l'avoit trompé , comme on le difoit. Voici le fait.

Héron , pour laiffer un monument de fa reconnoiffance envers les Dieux , dont il croyoit tenir la couronne , avoit fait faire une couronne d'or au plus habile ouvrier de fon royaume , & lui avoit fourni la matiere. Celui-ci avoit apporté au temps indiqué une très belle couronne d'or du poids de l'or qu'il avoit reçu. Le Roi , content de fon ouvrage , l'avoit récompenfé dignement , & la couronne étoit placée dans le temple : mais quelqu'un foupçonna la fidélité de l'ouvrier, & en parla à *Hiéron*. Ce Prince voulut découvrir la fraude , fans cependant endommager l'ouvrage dont il étoit content. Il propofa ce problême à Archimede , qui en chercha long-temps la folution fans la trouver.

Un jour qu'il y rêvoit en fe mettant au bain , il remarqua qu'à mefure qu'il s'enfonçoit dans l'eau , elle montoit pardeffus les bords. Cette remarque lui fit entrevoir la folution du problême qui l'occupoit. Transporté de joie par cette découverte, il sortit du bain, & sans faire attention à l'état où il étoit, il courut chez lui, en criant dans les rues : *Je l'ai trouvé, je l'ai trouvé : eureka, eureka.* En effet, il comprit que cette solution dépendoit de la proportion du volume au poids.

Pour développer cette vérité, il fit faire deux masses, l'une d'or, l'autre d'argent, du même poids que la couronne, & il plongea dans un vase plein d'eau la masse d'argent, laquelle fit sortir une quantité d'eau proportionnelle à son volume : l'ayant ensuite ôtée, il remit dans le vase la même quantité d'eau qui en étoit sortie. Il connut par ce moyen la quantité d'eau que déplace une masse d'argent d'un certain poids.

Il fit ensuite la même expérience avec de l'or. L'eau que ce métal déplaça, se trouva moindre que celle qu'avoit fait sortir la masse d'argent, proportionnel-lement au volume de l'or, bien inférieur à celui d'argent de même poids.

Après cela, ARCHIMEDE remplit le vase d'eau, & y plongea la couronne d'*Hiéron.* Cette couronne fit sortir plus d'eau que la masse d'or, qui étoit de même poids, n'en avoit déplacé : d'où il conclut que le volume de cette couronne étoit plus grand que celui d'une quantité d'or de même poids.

Enfin pour connoître la quantité d'argent mêlé avec de l'or, ce grand homme composa de ces deux métaux un volume égal à celui de la couronne, & démontra ainsi la friponnerie de l'ouvrier (1).

Cette découverte dut causer bien de la joie au Roi de Syracuse : mais il l'étonna encore davantage par ses inventions sur la méchanique. Il fit voir à ce Prince une *vis sans fin* qui enlevoit des fardeaux étonnants. C'est une vis qui engrene toujours dans une roue dentée lorsqu'on la tourne. Il lui montra aussi la poulie mobile qu'il avoit imaginée, & l'assura qu'en multipliant les poulies, il n'y avoit point d'effort dont il ne fût capable. *Donnez-moi un point*, dit-il à *Héron, & je souleverai la terre.*

Le Roi ne savoit s'il devoit croire toutes ces choses, quoiqu'ARCHIMEDE en fit en quelque sorte la démonstration ; mais pour rendre sur-tout sa der-

---

(1) Voyez la solution exacte de ce problême par le calcul dans le *Dictionnaire universel de Mathématiques & de Physique*, art. *Hydrostatique.*

niere propofition croyable, ce Philofophe tira lui feul à terre avec des roues
& des poulies le plus grand bâtiment
qui fût au port de Syracufe, & qu'on
avoit chargé extraordinairement.

C'étoit la manie de ce Prince d'avoir
de grands navires dans fon port. Perfuadé que perfonne n'étoit plus capable
qu'ARCHIMEDE de fatisfaire fon goût
à cet égard, il le pria de lui donner le
deffein du plus fuperbe bâtiment qu'on
pût imaginer. C'eft auffi ce que fit notre
Philofophe.

Ce bâtiment avoit trois étages. Dans
celui du milieu regnoient de chaque côté
trente chambres qui renfermoient chacune quatre lits, fans compter la chambre des Pilotes, qui en contenoit quinze.
Le tillac étoit pavé à la mofaïque. Des
petites pierres de diverfes couleurs y
repréfentoient les événements décrits
par *Homere* dans l'Iliade. Au plus haut
étage, ou pont, étoit une falle d'exercice pour les jeux ou pour la danfe,
d'où l'on entroit fur une vafte terraffe
qui formoit un jardin orné de plantes &
de fleurs.

Il y avoit encore dans ce bâtiment
un appartement féparé pour les Dames,

où l'on trouvoit tout ce que la galan-
terie la plus raffinée avoit pu inventer :
il étoit pavé d'agates & d'autres pierres
précieuses. Les plafonds de cet appartement , & les cloisons qui en séparoient
les chambres , étoient d'un bois de cy-
près , travaillé avec beaucoup d'art ;
& une marqueterie d'ivoire sur un bois
odoriférant formoit les portes. Près de
là étoit une grande salle pour l'étude
des sciences, contiguë à une magnifique
& nombreuse bibliotheque.

On avoit pratiqué sur ce bâtiment dix
écuries , des bains où rien ne manquoit
de ce que la mollesse pouvoit desirer ,
& un réservoir d'eau très spacieux , rempli de poissons.

Ce vaisseau extraordinaire étoit du
port de douze mille tonneaux ; & quoique ce fût un poids énorme , ARCHI-
MEDE le mit à flot avec beaucoup de
facilité (1).

Ce fut sans doute pour complaire à
Hiéron , que notre Philosophe donna le
dessein de ce vaisseau ; car il n'estimoit

---

(1) Voyez *Athénée* , Liv. VI ; l'*Hydrographie du P.
Fournier* , Liv. I ; & les *Recherches historiques sur l'origine
& les progrès des Navires des anciens* , page 33.

pas affez cette invention pour y perdre fon temps. Son efprit s'occupoit de chofes plus fublimes & plus utiles. Outre les ouvrages qu'il publia fur les Conoïdes & les Sphéroïdes, fur la Quadrature de la parabole, fur l'Hydroftatique ; il inventoit encore tous les jours des machines très ingénieufes. *Fabricius* nous apprend dans fa *Bibliotheque grecque* qu'il avoit inventé des *lanternes qui s'entretenoient toutes feules*, une *orgue hydraulique* qui exécutoit plufieurs airs, & une machine *compofée de quatorze petites lames d'ivoire, qui fervoit à aider la mémoire, & qui donnoit un fpectacle fort amufant par la variété des figures qu'on pouvoit produire.* On ne fait pas trop ce que tout cela veut dire ; mais on ne s'eft pas expliqué plus clairement fur ces inventions.

Cicéron dit auffi avec la même obfcurité qu'ARCHIMEDE *inventa une fphere qui montroit le mouvement de la lune, du foleil & des planetes* ; & quoique *Claudien* ait donné la defcription de cette fphere, nous ne la connoiffons pas mieux. Il paroît par fa defcription que le foleil, la lune & les autres planetes y avoient leur mouvement naturel, & que ce mouvement étoit caufé par quelque *efprit enfermé :* c'eft l'expreffion de *Claudien* (1). Et queft-ce que c'étoit que cet efprit ? Un favant Anglois, M. *Derham,* croit qu'on doit entendre par efprit *quelque vapeur aérienne & fubtile ;* mais il ne conçoit pas comment » cette liqueur, » ou quelque autre chofe que l'horloge- » rie, ait pu produire un tel effet (2) ». Ainfi nous voilà auffi peu inftruits fur cette machine que nous le fommes fur celles dont *Fabricius* fait mention. On s'eft plus attaché à décrire les machines qu'ARCHIMEDE imagina pour la défenfe de Syracufe affiégée par les Romains, parceque l'hiftoire des guerres a été écrite avec plus de foin que l'hiftoire des fciences. Les hommes en général aiment le bruit & l'éclat, & font peu d'attention aux chofes qui fe paffent dans les cabinets des Savants : néanmoins, comme ce font de fimples Hiftoriens qui

---

(1) *Inclufus variis famulatur fpiritus aftris,*
   Et vivum certis motibus urget opus.

Voyez les vers de *Claudien* dans le *Traité d'Horlogerie,* par M. *Derham,* page 160.
   (2) *Traité d'Horl.* page 161.

en ont parlé, ils n'ont donné de ces machines que des notions vagues & peu
fatisfaifantes, lefquelles peuvent bien
nous aider à concevoir confufément leur
méchanifme, mais ne nous éclairent
point fur leur conftruction. Ecoutons ces
Hiftoriens.

Nous lifons dans leurs ouvrages qu'a-
près la mort du petit-fils d'*Hiéron*, *Hip-
pocrate*, Général des Syracufains, voulant monter fur le trône, brigua la protection des Carthaginois, & que, pour
l'obtenir, il leur facrifia tous les Romains qui fe trouvoient alors à Syracufe,
en les faifant mourir. Le Conful *Marcellus* paffa en Sicile pour avoir raifon
de cet outrage, & fit le fiege de Syracufe par mer & par terre.

Il l'attaqua du côté de la mer avec
foixante-cinq galeres à cinq rangs de
rames. Il établit fur huit vaiffeaux attachés enfemble, & affermis par des an-
cres, une vafte machine deftinée à
battre les murs de la ville. Son appareil
de guerre étoit formidable, & il auroit
brufqué la prife de la place fi ARCHI-
MEDE ne l'eût défendue.

Cet homme célebre, par le moyen

d'un grand nombre d'engins & de leviers
qu'il avoit placés fur les remparts de la
ville , fit pleuvoir fur l'armée de terre
des afliégeants une grêle de groffes
pierres qui rompirent les rangs , & qui
mirent les troupes en défordre. Il défola
enfuite leur flotte , en lançant fur les
vaiffeaux des pierres d'un poids énorme.

Avec d'autres machines il décochoit
aux afliégeants une infinité de traits qui
faifoient des ravages affreux. Mais la
plus admirable de toutes fes inventions ,
c'étoit une machine d'une grandeur dé-
mefurée , en forme de bafcule , avec
une main de fer pendante à une forte
chaîne attachée à un brancard. On faifoit avancer cette main fur les vaiffeaux
qu'elle accrochoit. A l'aide d'un gros
contre-poids de plomb , on baiffoit la
bafcule , laquelle enlevoit un vaiffeau
fort haut , & on le laiffoit enfuite tomber dans la mer , où il fe fracaffoit tant
par fon propre poids que par la violence
de fa chûte. Il avoit auffi dreffé d'autres
engins avec lefquels il brifoit toutes les
inventions ou batteries des Romains. Et
ayant fait des trous aux murailles , il
lançoit par ces trous une fi grande quan-

tité de traits, que personne n'osoit en approcher (1).

On prétend aussi qu'il brûla plusieurs vaisseaux romains à la distance de trois milles avec des miroirs ardents : c'est une tradition moderne que plusieurs savants mettent au rang des fables. Il est certain que si ces miroirs étoient formés de verres paraboliques, qui, en réunissant les rayons du soleil à leur foyer, mettoient le feu aux vaisseaux, cela n'est pas croyable. Mais un Auteur ancien, nommé *Tzetzès*, a écrit que le miroir d'ARCHIMEDE étoit composé de plusieurs miroirs qui, ajustés sur une espece de chassis, réunissoient par réflexion les rayons du soleil à une grande distance. On ne sait point quelle forme avoient ces miroirs. Il y a apparence qu'ils étoient plans, comme le conjecture le P. *Kirker* ; & cela étant, le miroir de notre Philosophe a dû produire l'effet que la tradition lui attribue. En effet, M. *de Buffon* ayant composé un

---

(1) Voyez l'*Histoire de Polybe* ; la vie de *Marcellus* dans *Plutarque* ; l'*Hydrographie* du P. *Fournier*, Liv. V ; l'*Histoire ancienne* de M. *Rollin*, Tome X ; & l'*Histoire générale de la Marine*, Tome I.

miroir

miroir d'environ quatre cents glaces planes d'un demi pied en quarré, ce miroir a fondu le plomb & l'étain à cent quarante pieds de diſtance, & a allumé le bois beaucoup plus loin (1).

Quoi qu'il en ſoit, ARCHIMEDE ſoutint lui ſeul le ſiege de Syracuſe pendant trois ans. Il eût réſiſté davantage ſi les Syracuſains euſſent continué d'obſerver les manœuvres des Romains ; mais s'étant abandonnés à la débauche à l'occaſion de la fête de Diane, *Marcellus* profita de cette occaſion pour entrer dans la ville, & s'en rendre maître.

Dans le temps que tout étoit en mouvement dans Syracuſe, notre Philoſophe s'occupoit de la ſolution d'un problême, & ſon application étoit ſi forte, qu'il n'entendit ni le tumulte des Romains qui couroient par toute la ville, ni le vacarme des habitants qui fuyoient à leur rencontre. Tout d'un coup un ſoldat ſe préſenta à lui pour lui ordonner de le ſuivre, & de venir parler à *Marcellus*. ARCHIMEDE le pria d'attendre un

---

(1) Voyez l'*Hiſtoire* & les *Mémoires de l'Académie royale des Sciences* de l'année 1747. Voyez auſſi l'*Hiſtoire des progrès de l'Eſprit humain dans les ſciences exactes*, page 240 & ſuiv.

peu, afin que le problême qu'il venoit de réfoudre, ne demeurât point imparfait & fans démonftration ; mais le foldat qui ne s'embarraffoit ni de démonftration ni de problême, le tua.

Ce récit eft de *Plutarque*, & il ne s'accorde pas avec celui de quelques autres Hiftoriens. Il en eft qui rapportent différemment la mort de notre Philofophe. Ils difent que quelques foldats l'ayant rencontré chargé d'une caiffe remplie d'inftruments de mathématiques qu'il portoit à *Marcellus*, s'imaginerent que c'étoit de l'argent, & le tuerent pour s'en emparer. Enfin *Tite Live* prétend qu'un foldat qui ne le connoiffoit point, le tua pendant qu'il étoit à contempler des figures qu'il avoit tracées fur la pouffiere (1).

Ce qu'il y a de certain, c'eft qu'ARCHIMEDE avoit alors 75 ans, & que *Marcellus* apprit la nouvelle de fa mort avec tant de déplaifir, qu'il eut le meurtrier en horreur, & le regarda comme un homme exécrable : on dit même qu'il le fit pendre. Ayant fait enfuite une recherche exacte de tous fes parents, il les

---

(1) *Tit. Liv. Hift.* Liv. XXV.

traita avec distinction , & leur accorda des exemptions & des privileges parti- culiers.

Par ses ordres notre Philosophe fut enterré avec beaucoup de pompe. On grava sur son tombeau une sphere & un cylindre , comme il l'avoit desiré par son testament. Ceux qui conduisoient la construction de ce monument y ajou- terent une inscription en vers de six pieds qu'on ne nous a point transmise. Le des- sein de notre Philosophe étoit d'appren- dre à la postérité que parmi le grand nombre de découvertes qu'il avoit faites, celle qu'il estimoit le plus c'étoit celle d'avoir trouvé la proportion du cylindre à la sphere qui y est contenue. C'étoit une coutume des anciens de parer leurs tombeaux de ce qu'ils avoient eu de plus à cœur.

Cependant , quelque soin qu'ARCHI- MEDE eût pris pour perpétuer son nom dans la mémoire des hommes , soit par ses ouvrages , soit par un monument remarquable , environ cent ans après sa mort à peine se souvenoit-on de lui dans son propre pays. Le peuple de Syracuse, autrefois si passionné pour les sciences , & qui a fourni au monde des hommes illuſtres en tout genre de littérature, étoit tombé dans une profonde igno-rance. La domination des Romains avoit tellement abâtardi les eſprits de cette ville, que du temps de *Ciceron* on igno-roit abſolument le lieu où étoit le tom-beau d'ARCHIMEDE. Cet illuſtre Ro-main fut curieux de le voir, & après l'avoir long-temps cherché, il le dé-mêla entre des ronces & des épines dont il étoit entiérement couvert. Cette dé-couverte lui cauſa une grande joie. Il s'en félicita lui-même dans ſes Tuſcu-lanes. »La plus grande ville de la *Grece*, » dit-il, n'eût pas connu le tréſor qu'elle » poſſédoit, ſi un homme né dans un » pays décrié pour la groſſiéreté de ſes » habitants, n'eût été lui découvrir » le tombeau d'un de ſes citoyens ſi diſ-» tingué par la juſteſſe & par la péné-» tration de ſon eſprit (1).

Voilà ſans doute un bel éloge d'AR-CHIMEDE. Comment donc *Ciceron* oſe-t-il dire après cela que ce Philoſophe étoit un ſimple & vil artiſan, un homme de néant? »Je n'irai point, » dit-il dans un autre endroit de l'ouvrage que je viens

____

(1) *Tuſcul. Liv. V.*

de citer, » étudier la vie d'un *Platon* ou
» d'un *Archytas*, personnages consom-
» més en doctrine, & parvenus au com-
» ble de la sagesse, pour en faire la
» comparaison avec la vie de *Denys*, la
» plus affreuse, la plus remplie de mi-
» sere, & la plus destable que l'on puisse
» imaginer : j'aurai recours à un homme
» de la même ville que lui, un *homme*
» *de néant*, qui a vécu plusieurs années
» après lui ; je le tirerai de la poussiere ;
» je lui ôterai les instruments de son mé-
» tier pour le faire paroître sur la scene.
» Cet homme est ARCHIMEDE dont j'ai
» découvert le tombeau (1).

Il seroit difficile de deviner la raison
qui a engagé *Cicéron* à se contredire si
formellement. Comment se peut-il qu'a-
près avoir en la curiosité de voir ce qui
pouvoit rester d'ARCHIMEDE, il en ait
parlé avec si peu de considération ? Ne
l'auroit-il connu que par ses ouvrages de

---

(1) *Non ego jam cum hujus vita, quâ tetrius, miserius,
detestabilius excogitare nihil possum, Platonis aut Archytæ
vitam comparabo, doctorum hominum & planè sapientium :
ex eadem urbe* humilem homuncionem *a pulvere & radio
excitabo, qui multis annis post fuit,* ARCHIMEDEM. *Tuscul.*
ubi supra. Voyez aussi le Mémoire de M. l'Abbé *Fraguier*
sur un passage de *Cicéron*, où il est parlé du tombeau d'AR-
CHIMEDE, Tome II des *Mémoires de l'Acad. des Inscrip.*

méchanique, & auroit-il fait peu de cas de ses machines ? Mais il est à présumer que notre Philosophe ne les estimoit pas beaucoup lui-même. Aussi, pouvant faire graver sur son tombeau quelqu'une des machines qu'il avoit inventées, comme auroit pu être celle avec laquelle il se vantoit de pouvoir remuer la masse de la terre, pourvu qu'on lui donnât un point d'appui, il aima mieux y mettre la sphere & le cylindre dont il avoit trouvé la proportion.

Et encore quand même *Cicéron* ne l'auroit connu que par ses machines, & qu'il ne les eût regardées que comme des ouvrages grossiers, de peu de valeur, ARCHIMEDE en étoit-il moins parent d'*Hiéron*, Roi de Syracuse ? & peut-on appeller un homme *de néant* un Prince du sang ? D'ailleurs peut-on comparer *Archytas* & *Platon* à ARCHIMEDE ? Le premier étoit un homme fort ordinaire, en le considérant comme savant ; & la science du divin *Platon* n'a aucun rapport avec celle de notre Philosophe.

A quoi donc attribuer un mépris si marqué pour un homme qui, bien loin d'être méprisable, est regardé comme un des plus grands génies que l'antiquité

ait produits, qui a été comblé d'éloges
par les plus célebres Philosophes modernes, & qu'on admirera dans tous les
temps où les sciences exactes seront en
honneur ? M. l'Abbé *Fraguier* croit que
ce mépris vient de ce que les Romains,
laissant aux étrangers la gloire des sciences auxquelles ils ne pouvoient atteindre, regardoient avec dédain tout ce
qui ne tend point au gouvernement des
hommes & à la politique.

>> Il faut aussi convenir, ajoute ce
>> Savant, que si un Orateur ou un Ma-
>> gistrat, comme *Cicéron*, a marqué peu
>> d'estime pour un Géometre, le Géo-
>> metre à son tour ne fait pas grand cas
>> ni du Magistrat, ni de l'Orateur; &
>> quand il vient à mettre en parallele la
>> vérité, l'étendue & le profit de ses
>> propres démonstrations, avec l'incer-
>> titude où l'Orateur est lui-même, &
>> l'erreur où souvent il songe à jetter
>> les autres par l'effort d'un art qui ne
>> tend pour l'ordinaire qu'à remuer les
>> passions, qu'à troubler le jugement,
>> à grossir ou à diminuer les objets, &
>> à réduire la raison par le charme de
>> la parole, comme *Platon* le montre
>> dans le Gorgias, & *Cicéron* même

» dans un beau fragment de ſes livres
» de la République , alors le Géometre
» trouve dans ſon propre fonds de quoi
» ne céder à perſonne le premier rang ;
» & certainement, dans l'ordre des con-
» noiſſances, celles-là ont un plus grand
» prix , qui ſe préſentent plus claire-
» ment à l'eſprit ; telles ſont celles de la
» Géométrie : ce qui a produit ce mot ,
» qu'elle fait l'unique occupation de
» Dieu (1).

Voilà ce qui s'appelle ſavoir apprécier les choſes. Cette réflexion de M.
Fraguier eſt ſi judicieuſe & convient ſi
bien à l'hiſtoire d'ARCHIMEDE , que je
ne puis mieux terminer cette hiſtoire.

Un Auteur, nommé *Abulfarage* , dit
que les Romains firent brûler *quinze*

---

(1) Mémoire ci-devant cité de M. *Fraguier* , page 341
du Tome II des *Mémoires de l'Académie des Inſcriptions.*

Je ne dois point oublier ici que le traducteur du *Dictionnaire* de M. *Chauſepié* a voulu juſtifier les expreſſions de
Cicéron. Il croit que *Cicéron* n'a pas voulu donner atteinte
au mérite réel d'ARCHIMEDE ; mais en Orateur il a ſuppoſé
» que ce Géometre étoit tel , que l'oubli où il étoit dans ſa
» patrie ſembloit le repréſenter homme obſcur , de néant.
» Peut-être même a-t-il eu deſſein de cenſurer par ce trait
» les Syracuſains d'avoir perdu la mémoire d'un ſi digne
» citoyen ». (*Dict. de Chauſepié* . note E.) Ce traducteur
appelle cela ſes conjectures , & il a raiſon. Mais ſont-elles
vraiſemblables ? C'eſt ce qu'il faut laiſſer décider au lecteur.

charges de ses ouvrages ; mais personne
ne le croit. Il est certain que plusieurs de
ses ouvrages sont perdus : on trouvera
la liste de ceux qui nous restent dans
l'*Histoire des progrès de l'Esprit humain
dans les sciences exactes*, page 440.

HIPPARQUE *

IL paroît par la sphere mouvante qu'*Archimede* avoit imaginée, & dont je viens de parler dans son histoire, que ce Philosophe avoit cultivé l'Astronomie : aussi a t-on écrit qu'il ne fut pas moins estimé par ses observations sur les solstices & les mouvements des planetes que par l'ouvrage merveilleux qu'il fit, dans lequel ces mouvements étoient représentés. Il étoit difficile en effet qu'un Savant, qui avoit tant travaillé à la perfection des Mathématiques, eût négligé la science des astres, qui en est une partie si importante. Vraisemblablement le même livre où il décrivoit sa sphere contenoit aussi le détail de ses observations ; & comme ce livre est perdu, nous ignorons ses découvertes en Astronomie.

Eratosthene, qui vivoit dans le même temps qu'*Archimede*, étudia aussi cette science. Il fit plusieurs observations sur

---

(1) *Plin. Histor. natur.* Liv. II & XVI, &c. *Voss. De scientiis Mathematicis. Bayle, Dict. hist. & crit.* art. *Hipparque*, &c. &c.

HIPPARQUE.

les mouvements des corps céleftes, mefura l'obliquité de l'écliptique, conftrui-
fit le premier obfervatoire, & détermina la grandeur de la terre. C'étoient
de puiffants appâts pour ceux qui au-
roient la volonté de fuivre ces heureux
commencements, & la capacité néceffaire pour le faire avec fuccès. Un fiecle
s'écoula fans qu'il fe préfentât perfonne;
mais enfin il parut un homme de génie,
né véritablement Aftronome, & qu'on
peut appeller le reftaurateur de la fcience
des aftres.

Cet homme eft HIPPARQUE, qui vivoit 180 ans avant J. C. ou environ. On
ne fait ni quels étoient fes parents, ni
quelle fut fon éducation. L'hiftoire nous
apprend feulement qu'il vit le jour à Nicée dans la Bithynie, qu'il étudia l'Aftro-
nomie de bonne heure, qu'il obfervoit
avec une dextérité admirable, & qu'il
aimoit beaucoup le travail.

Les mouvements du foleil (ou de la
terre) furent le premier objet de fes
études. Il obferva pendant une longue
fuite d'années les retours de cet aftre à
l'équateur & aux tropiques; & pour
être affuré de l'exactitude de fes obfervations, il les compara avec celles

d'*Aristarque* : c'étoit un Philosophe Grec, né à Samos, qui étoit contemporain d'*Archimede*. Il soutenoit que la terre tourne sur son centre, & qu'elle décrit tous les ans un cercle autour du soleil. Persuadé de l'exactitude de ses observations, HIPPARQUE détermina la grandeur de l'année à 365 jours, 5 heures, 55 minutes & 12 secondes. Ces parties de temps dont il a tenu compte, prouvent bien avec quelle attention scrupuleuse il a fait & ses observations & ses calculs.

Il travailla avec le même soin à soumettre au calcul les irrégularités du mouvement du soleil. On savoit alors que cet astre (ou la terre) parcourt plus vite la partie méridionale de l'écliptique, c'est à dire, du cercle qu'il décrit annuellement, que la partie septentrionale. Pour expliquer cela, on supposoit que la terre n'est point au centre de l'écliptique ; mais il falloit connoître cet écart ou cette excentricité pour connoître ces irrégularités. C'est ce que notre Philosophe entreprit de déterminer, & il y parvint en combinant les intervalles inégaux du soleil pendant les équinoxes & les solstices : il trouva ainsi que cette excentricité est la vingt-quatrieme partie du rayon de l'écliptique.

Encouragé par ces succès, HIPPARQUE voulut connoître les révolutions du mouvement de la lune, & il exécuta heureusement ce projet. Il détermina l'excentricité de l'orbite de cette planete, & l'inclinaison de cette orbite sur l'écliptique. Toutes ces connoissances lui dévoilerent les mouvements du soleil & de la lune, de sorte qu'il fut en état de calculer des tables de ces mouvements; ouvrage d'autant plus estimable, qu'il étoit absolument nécessaire pour les progrès de l'Astronomie.

Ces tables sont perdues, & nous ne les connoissons que par tradition. *Pline* dit qu'elles étoient calculées pour six cents ans, » & qu'elles embrassoient les » éphémérides propres à chaque nation, » les jours, les heures, le site respectif » de chaque lieu, & les divers aspects » du ciel, relativement aux divers peuples, comme si la nature l'eût admis » à son conseil intime (1).

Les derniers traducteurs de *Pline* remarquent fort à propos à ce sujet qu'on

____

(1) *Plin.* L. II. C. 12. pag. 61 de la derniere traduction.

ne fauroit affez regretter la perte de cet ouvrage d'HIPPARQUE, parcequ'il jetteroit le plus grand jour fur la Géographie ancienne. En effet, ce grand Aftronome devoit avoir eu égard à la différence des époques relativement aux diverfes longitudes, & par conféquent aux différentes nations, tellement que les tables d'HIPPARQUE étoient accommodées à l'ufage de tous les peuples.

Mais un travail bien plus étonnant que ces tables, & qui paroiffoit excéder les forces de l'efprit humain, ce fut celui qu'il fit pour déterminer la diftance du foleil à la terre, & la grandeur de l'univers. Quelles opérations pouvoit-on faire pour parvenir à cette fublime connoiffance ? Il femble qu'il n'y avoit pas de point qui pût leur fervir de bafe. Cependant le génie de notre Philofophe, fécond en inventions, trouva une méthode qui furmonta toutes les difficultés. Il mefura les diametres apparents du foleil & de la lune, leurs diftances & leurs grandeurs refpectives, & le diametre de l'ombre terreftre dans les éclipfes de lune ; & par ces opérations extrêmement délicates, il trouva la diftance du

soleil à la terre & celle de la lune au
même globe (1).

Il voulut ensuite concilier les mouvements du soleil & de la lune. *Philolaé &
Démocrite* avoient entrepris cela sans
succès. L'an 433 avant J. C. *Méthon* découvrit un cycle de dix-neuf ans, qui
ramenoit assez bien la lune & le soleil
au même point du ciel. Cependant on
reconnut dans la suite que ce cycle n'é-
toit pas parfait, & qu'il s'en falloit de
quelques heures que les 235 lunaisons
qu'il comprenoit s'accordassent précisément avec les mouvements du soleil &
de la lune. Aussi un Astronome Cizycé-
nien, nommé *Calippe*, forma un nouveau cycle de 75 ans, dont il retrancha
un jour. C'étoit celui de *Méthon* quadru-
plé. Il crut qu'à la fin de ce cycle les
nouvelles & pleines lunes retomberoient
au même jour de l'année solaire : il se
trompa. Ce fut HIPPARQUE qui reconnut l'erreur. Il fit voir que ce cycle manquoit d'un jour entier dans 304 ans.
Pour corriger ce défaut, il quadrupla la
période de *Calippe*, & retrancha le jour

---

(1) Voyez l'*Histoire des progrès de l'Esprit humain dans
les sciences exactes*, pages 124 & 125.

excédant. Il forma ainsi un nouveau cycle beaucoup plus exact que celui de *Calippe*. Il le proposa aux Grecs qui, accoutumés à se servir de ceux de *Méthon* & de ce dernier Astronome, ne jugerent pas à propos de changer leur façon de compter : tant l'habitude a de force sur les hommes peu éclairés.

Ce même HIPPARQUE, qu'on ne sauroit trop louer, dit encore *Pline*, pour s'être persuadé que nos connoissances peuvent atteindre aux astres, surprit dans les cieux une nouvelle étoile. Il observa dès le jour de son apparition qu'elle avoit un mouvement : ce qui l'amena à douter si le cas n'étoit pas plus fréquent qu'on ne pensoit, & si les étoiles que nous croyons fixes n'avoient pas un mouvement semblable.

Pour s'en assurer, il osa transmettre à la postérité le dénombrement des étoiles ; faire l'appel de chaque étoile par son nom (*ad nomen expungere*), & imaginer diverses sortes de machines avec lesquelles il détermina la situation & la grandeur de chacun de ces astres ; en sorte qu'il fut facile de discerner si les astres mouroient ou naissoient, & s'ils passoient précisément par tel ou

tel autre point du ciel, s'ils se détour-
noient de leurs cours ; » tellement qu'il
» laiffa à tous les hommes à venir le
» ciel pour héritage , au moins à qui-
» conque d'entre eux fe trouveroit affez
» de génie pour comprendre une telle
» méthode (1).

Pline ne nous apprend point ce que
c'étoient que ces machines dont HIP-
PARQUE fit ufage : mais nous favons
qu'en comparant fes obfervations avec
celles de deux Aftronomes célebres dans
ce temps , nommés *Ariftille* & *Timoca-
ris* , il reconnut que les étoiles avoient
changé de place en rétrogradant , fuivant l'ordre des fignes , d'environ deux
degrés. Il ne put favoir autour de quel
point fe fait cette révolution : il con-
jectura feulement que ce devoit être
autour des poles du zodiaque.

Rohault a écrit que notre Philofophe
paffa la plus grande partie de fa vie à
obferver le mouvement des étoiles , &
qu'il croyoit que les étoiles fixes ne chan-
geoient point de place dans le ciel , &
qu'elles pouvoient fervir pour déterminer la route des planetes , de même

---

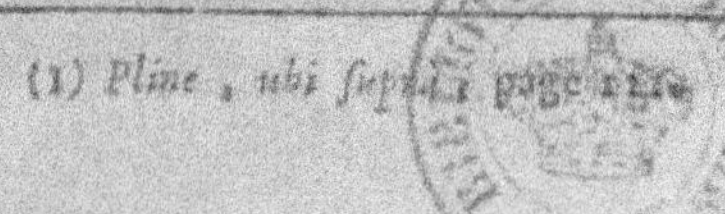

(1) *Pline , ubi suprà , page 111.*

qu'on pourroit se servir de plusieurs rochers qui seroient dans la mer, pour marquer le cours des navires qui ne laissent aucuns vestiges dans les lieux par où ils passent. »HIPPARQUE, ajoute-t-il, » employa donc son industrie à mesurer » la distance qu'il y a de chaque étoile » fixe à l'écliptique du soleil, ce qui » s'appelle la latitude d'une étoile; puis » à déterminer le nombre des degrés & » des minutes de l'écliptique, que l'on » compte d'Occident en Orient, depuis » le premier point du signe du belier jus- » qu'au point vis-à-vis duquel corres- » pond chaque étoile; ce qu'on appelle » sa longitude : mais la mort l'ayant » prévenu, ce n'a été que sa postérité » qui a pu exécuter son dessein (1).

Il y a dans ce récit une erreur que *Bayle* a fort bien relevée : c'est qu'il est faux que notre Philosophe ne connût point le mouvement des étoiles fixes de l'Occident à l'Orient, qui fait varier leur longitude. On vient de voir au contraire que ces astres avoient changé de place en rétrogradant. A l'égard de l'occupation derniere d'HIPPARQUE à dé-

____

(1) *Physique de Rohault*, C. VII.

terminer la longitude des étoiles, lorfque la mort le furprit, il n'y a peut-être
que *Rohault* qui en ait parlé ; il faut
croire que ce Savant favoit cela de
bonne part : mais nous ignorons comment & à quel âge il mourut.

Ce Philofophe attribuoit à nos ames
une origine célefte. Il admettoit plufieurs Dieux qu'il affujettiffoit à des loix.
Ce dernier fentiment paroit renfermer
une contrariété. Qui eft-ce qui a pu im-
pofer des loix aux Dieux ? S'ils ne font
pas auteurs de ces loix, ils ne font pas
Dieux, & c'eft la loi qui eft Dieu. Si au
contraire ils les ont établies, l'expreffion
eft impropre, & il ne faut pas dire que
les Dieux font foumis à des loix, mais
qu'ils fuivent l'ordre qui eft en eux, &
qui conftitue leur effence.

Cela me paroît évident. Cependant
Bayle prétend qu'il n'y a point d'incon-
vénient à dire que Dieu aime l'ordre &
le bien par une loi néceffaire & indif-
penfable ; car, au contraire, ce feroit
une imperfection que d'être capable de
violer cette loi. Mais n'eft-ce pas un défaut que d'être foumis à un ordre qui
retarde ou qui affoiblit nos fonctions ?
Bayle tient pour l'affirmative ; ainfi fa

seconde proposition contredit la premiere.

Le seul ouvrage d'HIPPARQUE, qui nous reste, est son Commentaire sur *les Phénomenes d'Aratus*. Cet *Aratus* étoit un Poëte de Soles, ville de Cilicie, & le livre des *Phénomenes* étoit un poëme écrit en vers grecs, qui ont été traduits en vers latins par *Cicéron*. Le Commentaire de notre Philosophe est une critique de ce poëme. HIPPARQUE l'accuse d'avoir pillé les livres d'*Eudoxe*, & même d'avoir copié jusqu'à ses fautes. Le Pere *Pétau* a donné une bonne traduction de ce Commentaire.

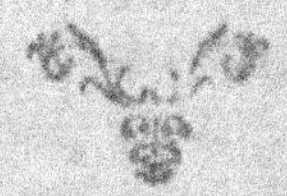

Me CL. Reydellet del.   Bovinet S.

PLINE *.

IL s'éleva dans le seizieme siecle une dispute entre les Savants d'Italie, pour savoir si PLINE avoit fait usage des ouvrages de *Dioscoride*, Naturaliste Grec, ou si *Dioscoride* s'étoit servi de ceux de PLINE ; & on ne décida point la question. Seulement on assura que PLINE avoit survécu à *Dioscoride* ; & on en conclut qu'il étoit à croire qu'il avoit plutôt profité de ses lumieres que *Dioscoride* n'avoit profité des siennes. Mais si cela est, pourquoi PLINE, qui cite avec tant d'exactitude, n'a t il pas cité *Dioscoride* ? C'est que celui ci n'ayant fait que compiler les mêmes livres qui étoient entre les mains de tout le monde, PLINE n'a pas cru devoir lui faire honneur du bien d'autrui.

---

* *Caii Plinii Vita*, in libro de viris illustribus, Auctore Sueton. *Caii Plinii vita incerto Auctore. Lettres de Pline le jeune. Dict. crit. de Bayle. Mémoires de l'Academie royale des Inscriptions*, Tomes I, III, IV, VII, &c. son Histoire naturelle, & les trois premiers volumes de cette Histoire nouvellement traduite en françois sous ce titre : *Histoire naturelle de Pline, traduite en françois, avec le texte latin, rétabli d'après les meilleures leçons manuscrites.*

PLINE a donc copié *Dioscoride* : c'est la conséquence qu'on tire de cette discussion ; mais on n'est pas obligé de l'adopter. Parceque le Naturaliste Romain a survécu au Naturaliste Grec, ce n'est pas une preuve que celui-là ait connu l'ouvrage de celui-ci. Il ne s'agit point de décider l'antériorité de leur personne, mais celle de leurs ouvrages. Si ces ouvrages ont paru dans le même temps, PLINE & *Dioscoride* n'ont pu se copier ni l'un ni l'autre ; & cela arrive ordinairement aux Auteurs contemporains, comme l'étoient ceux que je viens de citer.

Quoi qu'il en soit de ce problême que je ne prétends pas avoir résolu, il est toujours certain que l'Histoire naturelle de PLINE est l'ouvrage le plus considérable que les anciens aient produit. Il est le dépôt de toutes leurs connoissances. C'est le tableau de toute l'industrie humaine depuis les temps les plus reculés jusqu'au premier siecle de notre Ere : fruit d'une lecture prodigieuse, & le résultat ou le produit de près de deux mille volumes. Mais ce qui rend sur-tout son livre infiniment estimable, c'est, selon *M. Rollin*, la force, l'énergie, la

vivacité & la hardieſſe tant des expreſſions que des penſées ; c'eſt une mer-
veilleuſe fécondité d'imagination pour
peindre & pour rendre ſenſibles les objets qu'il décrit. Il faut avouer cependant, ajoute cet Hiſtorien célebre, que
ſon ſtyle n'a ni la pureté, ni l'élégance,
ni l'admirable ſimplicité de celui du ſiecle
d'*Auguſte*. Il eſt dur, ſerré, & par-là
ſouvent obſcur ; & ſes penſées ſont ordinairement forcées, outrées, & même
fauſſes.

PLINE non ſeulement ſavoit tout ce
qu'on pouvoit ſavoir de ſon temps, dit
un illuſtre ſavant de nos jours (M. *de
Buffon*) ; il avoit encore cette facilité de
penſer en grand qui multiplie la ſcience,
& cette fineſſe de réflexion, de laquelle
dépendent l'élégance & le goût. Son
hiſtoire eſt digne de la plus grande attention, & doit intéreſſer infiniment le
public. Je ne promets pas de ſatisfaire
pleinement ſa curioſité à cet égard,
parceque nous avons peu de mémoires
ſur ſa vie ; mais je dois le prévenir que
j'ai écrit cette vie avec le plus grand
ſoin, & que je n'ai négligé aucun trait,
aucune anecdote digne de quelque remarque.

PLINE, connu chez les Romains par
le nom de *Caius Plinius Secundus*, naquit à Vérone l'an 23 de l'Ere chrétienne, d'une famille illustre. Son pere
se nommoit *Celer* & sa mere *Marcella*. Il
porta les armes de bonne heure, &
servit avec distinction dans la cavalerie :
il se dégoûta bientôt de cette profession
si peu conforme au goût qu'il eut pour
l'étude dès sa plus tendre jeunesse. Il
s'attacha au barreau. Pendant quelque
temps il fit la fonction d'Avocat. Il fut
ensuite agrégé au College des Augures (1), & devint Intendant en Espagne.
Vespasien & *Titus*, qui l'honoroient de
leur estime & de leur amitié, lui con-
fierent diverses affaires importantes ;
mais quoiqu'il répondît avec le plus
grand zele & un égal succès à la confiance de ces Princes, il partageoit son
temps entre les devoirs qu'il devoit remplir & la culture des sciences. Il consa-

---

(1) Les Augures étoient les Prêtres les plus anciens de
Rome. Leurs fonctions étoient d'interpréter la volonté des
Dieux par le moyen des oiseaux. C'étoient des fourbes qui
inventoient des présages pour la faction qu'ils vouloient
favoriser, & qui se moquoient de la religion & des hommes
en faisant parler les Dieux comme ils le jugeoient à propos.
Voyez les *Mémoires de l'Académie des Inscriptions*, Tome I
& Tome IV.

croit

croit le jour aux affaires & la nuit à l'é-
tude. En hiver il commençoit à étudier
à une heure du matin, au plus tard à
deux heures, & souvent à minuit. Il se
rendoit avant le jour chez l'Empereur
Vespasien, qui, comme lui, donnoit
peu de temps au sommeil. De là il alloit
remplir les devoirs de son emploi, &, de
retour chez lui, il reprenoit le fil de ses
travaux philosophiques.

Dans l'été, lorsque ses occupations
lui laissoient quelque loisir, il s'étendoit
au soleil après son dîner, où il demeuroit une ou deux heures. Il prenoit ensuite un bain froid, faisoit un léger goû-
ter, & dormoit quelques instants. A son
réveil il se remettoit à l'étude jusqu'au
souper, pendant lequel son Secrétaire
faisoit une lecture dont il savoit profiter,
quoiqu'il saisît comme en courant les
passages qui pouvoient le plus l'intéres-
ser. Dans l'été son soupé finissoit avant
le jour, & dans l'hiver il sortoit de
table une heure après la nuit.

Quand il voyageoit il avoit toujours
à ses côtés un livre, des tablettes & un
copiste qui mettoit au net ses pensées &
les extraits des ouvrages qu'il lisoit. En
un mot, il n'y a jamais eu d'homme plus

affidu à la lecture & au travail. Un jour
celui qui lifoit pendant le repas, ayant
mal prononcé quelques mots, un de fes
amis l'interrompit pour le prier de re-
commencer. PLINE lui dit : *Eft-ce que
vous n'avez pas compris ce qu'il vient de
lire?* Son ami lui ayant répondu affir-
mativement : *Pourquoi donc*, continua
notre Philofophe, *l'avez-vous fait répé-
ter? nous avons perdu au moins dix lignes
par votre interruption.* Il gronda une
autre fois fon neveu, parcequ'il fe pro-
menoit fans livre. *Il ne tenoit qu'à vous,*
lui dit-il, *de ne pas perdre votre temps
comme vous faites ;* car il regardoit
comme un temps perdu celui qu'on n'em-
ployoit pas à l'étude.

*Je donne tous les jours aux affaires ,
écrivoit-il à Titus avant qu'il fût Empereur, & je me réferve la nuit afin de l'employer à la lecture & à la compofition. Ne
ferois-je pas trop heureux encore quand cette
conduite ne me procureroit d'autre avantage
que celui de vivre plus long-temps? Le fommeil emporte la moitié de la vie ; & c'eft
un gain plus fûr & plus légitime que tous les
autres, que de lui dérober le plus de temps
qu'il eft poffible.*

Et dans fon Epître à *Vefpafien*, impri-

mée à la tête de son Histoire naturelle,
il s'exprime ainsi : *Je ne donne à l'étude
que mes moments dérobés ; j'entends ceux
que je dérobe au sommeil, & nullement aux
heures que je vous dois. Le jour, tant qu'il
dure, vous est consacré. Quant au sommeil,
j'en détourne autant d'heures que ma santé
peut me le permettre ; & si l'on demande
quel avantage je retire de ce sacrifice, je
dirai avec* Marcus Varron, *qu'en musant
ainsi, j'en crois vivre quelques heures de
plus. En effet, vivre c'est veiller.*

Assurément PLINE ne dormoit guere
s'il ne composoit que la nuit. *Pline* le
jeune, son neveu, dit qu'il publia d'a-
bord un livre intitulé *de l'Exercice éques-
tre du Javelot* ; qu'il mit ensuite au jour
la Vie de Quintus Pomponius son parent,
lequel s'étoit fait une réputation par des
Tragédies qu'il avoit composées, & huit
livres *des Guerres Germaniques.* Ce dernier ouvrage dut sa naissance à un songe.
L'ombre de *Drusus Néron,* qui avoit
remporté plusieurs victoires dans la Ger-
manie, lui apparut pendant qu'il dormoit, & lui recommanda sa mémoire,
en le conjurant de le dérober à l'injure
de l'oubli. A son réveil, PLINE résolut
de rassembler tout ce qui s'étoit passé de

mémorable pendant le cours des expé-
ditions des Romains contre les Ger-
mains. Et c'eſt ce qu'il exécuta dans ſes
Guerres Germaniques.

Les autres Ecrits qui parurent ſucceſſi-
vement furent, 1°. *De l'Etude de l'homme*, en ſix volumes. C'étoit un traité
d'éloquence, dans lequel l'Auteur prenoit l'Orateur au berceau, & le con-
duiſoit juſqu'à la perfection. 2°. *Diſcours équivoques*, publiés vers la fin du
regne de *Néron*. Comme il étoit dangereux alors de s'expliquer librement,
notre Philoſophe employa l'équivoque,
afin de ne pas ſe perdre, en voulant re-
lever le courage abattu des Romains.
3°. *Hiſtoire naturelle*, diviſée en trente-
ſept livres.

De tous ces ouvrages il n'y a que
l'Hiſtoire naturelle qui ſoit parvenue juſqu'à nous. Son neveu dit qu'il lui laiſſa
cent ſoixante Commentaires *de choſes
choiſies.* C'étoit encore un grand travail.
Et on eſt toujours étonné comment un
homme qui étoit accablé d'occupations
relatives aux grandes charges qu'il rem-
pliſſoit, & que l'amitié & le commerce
des Princes venoient diſtraire, ait pu
écrire tant de volumes. Il eſt vrai qu'à

une application incroyable il joignoit
une vigilance fans exemple. Il obfervoit
tout : il examinoit tout , & rien n'étoit
capable de refroidir le defir qu'il avoit
de connoître la nature. Il fut même la
victime de fon zele , & le martyr en
quelque forte de la Philofophie.

Il étoit à Mifene où il commandoit la
flotte des Romains. Un jour (c'étoit le
premier Novembre de l'année 79 de
J. C.) on vint l'avertir qu'il paroiffoit
une nuée d'une forme & d'une grandeur
extraordinaires. Il étudioit alors couché
au foleil , felon fa coutume. Il fe leva &
monta fur une hauteur d'où on pouvoit
mieux obferver ce phénomene. La nuée
fortoit d'une montagne qu'on reconnut
être le mont Véfuve. Elle étoit moitié
blanche , moitié noire. Cela lui parut fi
extraordinaire , qu'il voulut l'obferver
de plus près.

Il commanda qu'on lui préparât une
liburne : c'étoit un bâtiment à rames ,
fort léger , excellent pour le combat , &
admirable pour la courfe ; & il s'y em-
barqua. Mais à mefure qu'il approchoit
du mont Véfuve , il fe trouvoit enveloppé par la fumée qui en fortoit. Des
pierres calcinées & des cailloux tout

brûlés & pulvérisés par la violence du
feu , tomboient autour de son navire.
Le danger étoit pressant. PLINE délibéra
s'il ne revireroit pas de bord : le Pilote
l'exhortoit à prendre ce parti ; mais le
desir qu'il avoit de s'instruire lui fit re-
jetter ce sage conseil. *La fortune* , s'é-
cria-t-il , *favorise les gens courageux.*
Allons voir Pomponianus à Stabies : c'é-
toit un des es amis.

Il le trouva occupé à faire porter tous
ses effets sur des vaisseaux , afin d'é-
chapper par la fuite au péril qui le menaçoit, lorsqu'il auroit le vent favorable.
PLINE tâcha de calmer ses inquiétudes ;
& pour diminuer sa crainte par l'exemple de la sécurité , il se fit porter au bain,
& soupa ensuite fort gaiement , ou du
moins avec toutes les apparences de la
gaieté. Le repas fini , il se coucha &
dormit d'un profond sommeil.

Cependant les flammes du Vésuve se
manifestoient au loin en divers endroits
de la montagne , & leur éclat surmon-
toit les ténebres de la nuit. On éveilla
notre Philosophe : il se leva , & après
avoir considéré pendant quelque temps
ce terrible spectacle, il chercha à modé-
rer la terreur qu'il inspiroit. Dans cette

vue il affura que ces flammes venoient
uniquement de ce que le feu avoit pris
dans les maifons de quelques villageois
que la peur avoit fait fuir en défordre,
fans laiffer perfonne à la garde de leurs
foyers. Il fe recoucha enfuite, & s'en-
dormit en attendant le jour; mais il ne
goûta pas long-temps les douceurs du
repos.

Infenfiblement la maifon où il étoit fe
rempliffoit de cendres & de pierres cri-
blées, & de fréquents tremblements de
terre l'ébranloient jufqu'aux fondements. On éveille PLINE en furfaut. On
l'avertit du péril qui le menace, & on
l'amene vers *Pomponianus* pour délibé-
rer fur le parti qu'il y avoit à prendre.
Il s'agiffoit de favoir fi on refteroit enfermé dans l'intérieur des murs, ou fi on
erreroit à l'aventure dans les champs:
& on prit le dernier parti.

Chacun fe mit fur la tête des couffins
attachés avec des bandes de linge pour
fe garantir de la chûte des corps que le
Véfuve lançoit continuellement. Déja
le jour commençoit à paroître; mais
PLINE étoit enveloppé d'une vapeur
fombre & épaiffe qu'il falloit écarter
par la lumiere des flambeaux. On gagna

le rivage pour voir si la mer seroit navi-
gable , & elle se trouva très orageuse.
Notre Philosophe qui se sentoit déja op-
pressé , se jetta sur un drap qu'on étendit
par terre. Là il demanda successivement
deux verres d'eau froide qu'il but. Dans
le moment se répandit une odeur de
soufre , & la flamme suivit de près.
Tout le monde se sauva. Quant à lui ,
il voulut se lever en s'appuyant sur deux
esclaves ; mais il tomba mort aussi-tôt ,
étouffé par l'air brûlant qu'il respira. Le
surlendemain du jour de sa mort on
trouva son corps entier sans aucune
blessure , vêtu comme on l'avoit laissé.
On eût dit qu'il dormoit. Il n'avoit que
cinquante-six ans lorsqu'il expira.

Ce Philosophe a eu une destinée
presque aussi bizarre , aussi variée que
celle d'*Aristote* , comme l'observent fort
à propos les derniers traducteurs de son
Histoire naturelle : tantôt regardé comme l'Ecrivain de l'antiquité le plus universel & le plus instruit , tantôt méprisé,
traité de menteur , & accusé de la plus
grossiere imposture , ou de la crédulité
la plus imbécille. Il est bien étonnant
qu'on ait été si partagé sur le mérite d'un
ouvrage qui ne contient que des faits.

On peut se préoccuper pour un système, parcequ'on n'est pas toujours en état de savoir si ce système est vrai ou faux. Il n'y a que les découvertes & les observations qui puissent le faire connoître. Mais on n'a point de problême à résoudre pour décider du mérite d'un traité d'Histoire naturelle. Ou l'on peut vérifier les faits qu'il contient, ou cette vérification est impossible. Dans le premier cas on peut en juger en dernier ressort, & dans le second il faut suspendre son jugement & s'en tenir aux probabilités. Et lorsque le temps a dévoilé quelque erreur, on doit examiner si l'Auteur avoit pu l'éviter, s'il l'a commise de propos délibéré, ou si elle provient d'un défaut de lumiere de sa part.

Personne ne refusera sans doute à PLINE, à un des plus beaux génies de Rome, de n'avoir point su ce qu'il faisoit. Il est vrai que son ouvrage manque de critique, & c'est-là un grand défaut. Il y a dans cet ouvrage une érudition immense ; mais c'est une compilation faite sur des mémoires qu'on lui fournissoit, ou qu'il avoit recueillis ; sorte de production sujette à bien des méprises. PLINE, dit un juge éclairé,

(M. l'Abbé *Gedoin*) étoit plus estimable encore par sa maniere de penser, grande & forte, que par sa pénible & laborieuse entreprise (1).

Cependant ébloui par l'étendue de cette entreprise, on s'est passionné pour PLINE, &, dans cet enthousiasme, on a préconisé également les beautés & les défauts de son ouvrage, & on a voulu que le nom de l'Auteur suffit pour donner cours à une fausseté. Aussi les gens sensés se sont moqués de ce dévouement absolu à l'autorité de notre Philosophe. C'est ce qu'a fait nommément le célebre Fabuliste François (*La Fontaine*). En parlant de l'amitié que, selon PLINE, le Dauphin a pour les hommes, il dit :

>> En son Histoire
>> PLINE le dit, il le faut croire (2).

Il est certain que c'étoit le comble de la déraison que de vouloir donner pour un fait une chose ridicule, parceque notre Philosophe l'avoit écrite. Son Histoire natuelle est en effet remplie de

---

(1) *Histoire de l'Acad. roy. des Inscript.* Tome XXII, page 93.
(2) *Fables de La Fontaine*, Liv. IV.

traits non seulement incroyables, mais encore tout-à-fait abſurdes; & c'eſt avec raiſon qu'un Savant de nos jours a obſervé qu'on ne peut les lire ſans ſavoir ce que l'on doit le plus admirer, ou de la bonté de l'Auteur à les croire, ou de ſa force à les écrire (1). Voici quelques-uns de ces traits.

1. On croit que les cometes qui préſentent la figure d'une flûte, ſont d'un mauvais préſage ; que celles qui ſe rencontrent dans les parties des aſtres réſervées à la pudeur, menacent les mœurs obſcenes ; que c'eſt un poiſon aſſuré pour quelqu'un ſi elles ſe levent vers la tête du dragon, c'eſt-à-dire, de la conſtellation appellée de ce nom. *Hiſt. natur.* Liv. II. C. 25.

2. Nous liſons, dit *Pline* (dans le même Livre, Chapitre 58,) qu'au temps des guerres cimbriques on entendit dans le ciel des cliquetis d'armes & des ſons de trompettes : ce qui s'eſt remarqué auſſi très ſouvent tant avant qu'après cette époque. Pendant le troi-

---

(1) Notes ſur le ſecond Livre de *Pline*, par M. *Guettard*, à la fin du Tome I de la nouvelle traduction de l'*Hiſtoire naturelle.*

fieme confulat de *Marius* , les Tudertes
& les habitants d'Amérie virent des armées qui fe mefuroient & qui fe heur-
toient dans le ciel : ils obferverent que
celles qui étoient au couchant furent
mifes en fuite , &c.

3. En outre , écrit ailleurs notre Na-
turalifte , les monuments hiftoriques
font foi qu'on vit tomber de la partie inférieure de l'air du lait & du fang fous
le confulat de *Marcus Acrius* & de *Caius
Porcius* ; qu'il plut des chairs plufieurs
fois .... on ajoute que celles de ces
chairs que les oifeaux n'enleverent
point , ne purent fe corrompre. Il plut
auffi du fer & des briques , &c. (*Hift.
nat.* Liv. II. C. 56.)

4. Toute la nature fe reffent des influences de la lune , & le plus petit animal , la fourmi , cefle de travailler
lorfque la lune ne paroît point. Les
huîtres & autres teftacées à conques &
à coquilles croiffent ou diminuent felon
le cours de la lune , & le nombre des
fibres ou lobes du foie des fouris répond
au quantieme de cette planete , &c.
(*Hift. nat.* Liv. II. C. 41.)

A Dodone on voit la fontaine de Jupiter , qui eft d'un froid glacial : fi on

y plonge un flambeau allumé, il s'y
éteint; mais si l'on rapproche un flambeau éteint, il s'y rallume. Cette même
source s'arrête ponctuellement à l'heure
de midi; d'où lui vient le nom de Fontaine de la Pause : après quoi elle grossit
toujours de plus en plus jusqu'à minuit,
où elle commence à décroître. En Illy-
rie est une fontaine froide, sur laquelle
si vous étendez des vêtements, le feu y
prendra. L'étang de Jupiter Hammon
est froid le jour & bouillant la nuit. La
fontaine du Soleil chez les Troglodytes
est douce & très froide vers midi : ensuite elle s'échauffe par gradation; &
vers minuit elle est non seulement
bouillante, mais encore très amere, &c.
(Liv. II. C. 102.)

Dans les Champs Sabin & Sidicin, les
pierres frottées d'huile ou de graisse,
brûlent comme du bois. A Egnatia,
bourg des Salentins, il y a une roche
sacrée qui met d'elle-même le feu au
bois qu'on met dessus : & sur l'autel de
Junon Lacinie, qui est en plein air, la
cendre reste immobile, quelque vent
& même quelque ouragan qu'il sur-
vienne. (Liv. II. C. 107) &c. &c. &c.

On feroit un fort gros livre de toutes

les erreurs , inepties & abſurdités qu'on
trouve dans l'Hiſtoire naturelle de PLINE.
On ne doit pas penſer que ce Philoſophe
y ait ajouté foi ; mais on ne conçoit pas
comment il a eu la force de les écrire.
Quel courage , s'écrie un de ſes Com-
mentateurs (M. *Guettard*), pour expoſer
tant de ſottiſes aux yeux de la poſtérité !
Un Patriarche d'Aquilée , nommé *Hermolaüs Barbarus* , prétendoit avoir fait
cinq mille corrections importantes dans
l'ouvrage de notre Philoſophe ; & quoique les nouveaux traducteurs de l'Hiſtoire naturelle ſoutiennent qu'i y a
beaucoup à rabattre de ſa prétention ;
il eſt toujours certain qu'on n'en ſeroit
guere moins aujourd'hui ſi on vouloit
retrancher de cette Hiſtoire toutes les
fauſſetés qu'elle contient.

Ces hommes de lettres avouent néanmoins que parmi les remedes tirés des
plantes que PLINE décrit dans les cinq
livres de ſon ouvrage , » il y en a beau-
» coup évidemment faux , illuſoires ,
» dangereux même , équivoques, peu
» ſurs , &c. . . . que ſur l'Aſtronomie ,
» la Phyſique générale , ſur la Géomé-
» trie , &c. il n'a pas dit tout ce qu'il
» auroit pu dire , & qu'il eſt reſté

» quelquefois au deſſous des connoiſ-
» ſances acquiſes avant lui (1) ». *Bayle*
a écrit qu'il n'a fait qu'effleurer les ſujets (2).

Cela n'empêche pas qu'une entre-
priſe auſſi conſidérable que celle que
notre Philoſophe a faite ne ſoit digne des
plus grands éloges. » Qu'on reproche à
» PLINE des erreurs, diſent les nou-
» veaux traducteurs, c'eſt ce qu'il a ſans
» contredit de commun avec tous les
» Compilateurs de faits & d'obſerva-
» tions en tout genre. Qui de nos plus
» habiles modernes peut ſe piquer d'en
» être exempt ? Mais pour lui reprocher
» des menſonges volontaires, tandis
» qu'il s'en montre l'ennemi le plus dé-
» claré, qu'il tombe même à toute oc-
» caſion ſur les Grecs ſi décriés par les
» leurs, il faut l'avoir lu ſans réflexion.
» Il n'a pu ſans doute éviter d'en copier
» quelques-uns dans leurs livres, parce-
» que voulant tout avoir, il n'avoit pas
» toujours le temps de faire le diſcerne-
» ment néceſſaire dans ce qu'il tranſcri-

---

(1) Préface de la nouvelle traduction de PLINE, page
VIII.

(2) *Dict. crit.* Tome I.

» voit ou faifoit tranfcrire , & qu'en fe
» rendant trop difficile il eût craint de
» laiffer échapper quelque fait intéref-
» fant. Il faut confidérer d'ailleurs que
» PLINE n'ayant fini fon Hiftoire que peu
» de temps avant fa mort , il n'a pu la
» revoir , ni par conféquent lui donner
» cette derniere main qui fixe la condi-
» tion des ouvrages (1).

On ne peut mieux juftifier PLINE ni
apprécier fon ouvrage avec plus de
juftice. Et c'eft avec vérité que ces traducteurs ont encore écrit que toutes les
richeffes de la nature & des arts , excepté peut-être les coquillages & les pa-
pillons , font inventoriées dans cet ouvrage.

L'Auteur commence par contempler
le monde en grand. Il examine fa forme
& fon étendue ; il parle fommairement
du ciel, c'eft-à-dire des aftres , des éléments , des météores , & de tous les
phénomenes céleftes & terreftres. Il décrit enfuite la Terre , c'eft à-dire, l'Europe , l'Afrique & l'Afie. Après cela il
écrit l'hiftoire de l'homme , celle des
animaux terreftres , des poiffons , des

---

(1) Préface de la nouvelle traduction , page VI.

oiseaux & des insectes. Du regne animal
il passe au regne végétal. Il décrit toutes
les plantes ; savoir, les plantes odorantes, les plantes qui portent fruit,
les arbres sauvages, les arbres cultivés,
les herbes & les fleurs : il parle aussi de
leurs propriétés médicinales, & des remedes ; ce qui lui donne lieu de faire
mention des maladies. Enfin il termine
son ouvrage par l'histoire du regne minéral, de l'or, de l'argent, du cuivre,
du plomb, &c. des marbres, des
pierres, &c.

Ainsi toute la nature passe sous ses
crayons. Toutes les inventions humaines, toute l'industrie des hommes,
entrent dans la composition de son ouvrage. C'est un tableau qui représente
toutesles connoissances humaines depuis
l'origine du monde jusqu'à son temps. Il
n'oublie aucun être, aucune découverte, aucune production connus jusqu'alors. Il se peint lui-même dans sa
composition, & sans le vouloir, & on
y reconnoît son caractere & son génie.
Il y paroît Philosophe social & sans fard,
Savant désintéressé qui n'écrit que pour
être utile. Toutes ses réflexions respirent
l'honnêteté, la vertu, la justice,

l'amour de l'ordre. Sa religion seule est, dit-on, un problême ; mais PLINE confond trop souvent Dieu avec la nature pour ne pas le suspecter d'athéisme.

Il n'est pas possible de faire l'analyse suivie de son ouvrage ; mais il convient à son histoire de faire connoître le fonds de ses pensées, son goût, sa maniere de peindre, & de donner, en un mot, une idée de son travail.

LE MONDE est éternel, immense & sacré. Il est tout en tout. Lui-même est tout ; car les bornes qui le comprennent se perdent dans l'infini. Sa figure ronde rentre sur elle même par tous les points qui la composent. Elle se sert à elle-même de point d'appui : elle s'embrasse, & doit à elle-même sa cohérence sans besoin d'aucun ciment étranger : elle n'a ni commencement ni fin sensibles dans ses parties ; & sa figure est la plus convenable au mouvement qui lui est destiné.

Le monde porte l'empreinte d'une quantité incroyable d'animaux, & de toutes les choses imaginables. Son mouvement continuel & circulaire retient la terre dans le poste central & inférieur. Cette terre est le pivot du mouvement universel : elle emprunte de la nature entiere l'équilibre qu'elle lui procure à son tour ; elle eſt ſeule immobile au centre d'une ſphere d'activité ; & elle a pour lien l'univers même, comme l'univers n'a d'autre appui qu'elle.

Entre le ciel & la terre ſont ſuſpendus à des intervalles réglés les ſept aſtres qu'on nomme planetes. A leur centre marche le ſoleil que ſon volume & ſon exceſſive puiſſance font regarder comme le ſuprême modérateur. Il eſt le principe de vie, le principe intelligent, le reſſort univerſel, le Dieu de la nature : il éclaire toutes choſes. Toujours radieux, toujours parfait, il voit & entend toutes choſes. S'il n'eſt pas Dieu, ce Dieu, quel qu'il ſoit, eſt ſans doute tout yeux, tout oreilles, tout ſens, tout ame, tout eſprit, tout lui-même. Et ſi parmi les mortels il peut ſe trouver un Dieu, c'eſt à ſes bienfaits envers les autres mortels qu'on peut le reconnoître : c'eſt là le chemin à une éternelle gloire.

C'eſt une impiété d'aſſurer que l'Etre ſuprême, quel qu'il ſoit, prenne aucun ſouci des choſes humaines. Cependant en toute terre, en tous lieux, à toute

heure, la Fortune eſt généralement invo-
quée, réclamée, accuſée, condamnée.
Elle ſeule occupe nos penſées. Elle ſeule
eſt l'objet de notre éloge comme de
notre blâme. Nous mêlons envers elle
l'outrage au culte, en l'appellant vo-
lage, aveugle, vagabonde, inconſ-
tante, &c. Nous lui rapportons la perte
& le gain ; & dans le grand regiſtre des
affaires humaines, elle eſt également
cotée pour la miſe & pour la recette.
Enfin nous ſommes tellement ſous la
dépendance du haſard ou du ſort auquel
elle préſide, que nous avons fait Dieu
ce même ſort ou haſard par qui l'exiſ-
tence de Dieu devient incertaine.

Parmi les êtres que Dieu a créés,
l'homme tient le premier rang. La nature a produit toutes choſes pour lui,
quoiqu'elle lui faſſe payer bien cher cette
faveur. C'eſt en effet un problême, ſi
elle l'a traité en bonne mere, ou en ma-
râtre. D'abord elle l'a laiſſé nud, ſans
armes & ſans défenſes, au lieu qu'elle
a couvert les autres animaux de laine,
de bourre, de ſoie, de plumes, d'é-
cailles, &c. & qu'elle les a armés de
dards, de griffes, de dents meurtrieres,
&c. elle a même affublé les arbres

d'écorces pour les garantir du froid &
du chaud. Il n'y a que l'homme qu'elle
ait jetté nud fur la terre, & qu'elle ait
fait naître dans les larmes.

Dès qu'il vient au monde on le tient
lié & garrotté, de forte qu'il n'a pas un
feul membre de libre ; tandis que les
autres animaux font en pleine liberté,
& vont à l'abandon dès l'heure même
qu'ils font produits. Ainfi l'homme qui
doit commander aux autres animaux,
demeure là pieds & mains liés, pleurant
& gémiffant comme s'il faifoit amende
honorable à la juftice de nature, par ce
feul méfait d'être né.

O folie, ô double démence de penfer
que nous foyons venus en ce monde
pour vivre fuperbement & glorieufement ! Le premier don que nous fait le
temps eft de nous faire aller à quatre
pieds comme les bêtes brutes. Car combien faut-il de temps avant que de pouvoir cheminer, parler ou manger feul ?
d'avoir du goût pour les mets, de connoître la raifon ? Dans fon enfance
l'homme eft l'animal le plus imbécille
de tous les animaux.

Lorfqu'il eft formé il eft expofé à tant
de maux, qu'il a fallu inventer un

monde de médecines pour le guérir. De tous les animaux il n'y en a pas un seul qui ne connoisse le remede au mal dont il est atteint : mais l'homme ne sait rien s'il ne l'a appris à force d'étude. Il n'a reçu de la nature que la seule faculté de pleurer : les pleurs sont son apanage.

Cependant l'homme seul est avaricieux, ambitieux, cérémonieux, superstitieux, &c. Quoique sa vie soit très mal assurée, il agit comme s'il devoit vivre éternellement. Il n'y a point d'animal qui se trouble plus que lui, ni qui soit plus enragé quand il est hors des gonds. Enfin chaque animal se comporte bien en son espece : il ne forme point d'escadrons : il ne fait pas tête aux autres animaux qui sont de son genre. La furie & la férocité des lions ne s'exerce point entre eux. Les serpents n'empoisonnent pas avec leurs dents vénimeuses les autres serpents. Les monstres marins & les poissons ne se font jamais la guerre. Mais tout le mal que l'homme a vient de lui-même.

Après avoir peint le caractere propre de l'homme, PLINE examine sa constitution physique, & le suit depuis sa génération jusqu'à son tombeau. Il passe enfuite à l'histoire naturelle des animaux terrestres. Il commence par l'éléphant, & finit par les souris, les loirs & les rats velus.

La baleine tient le premier rang parmi les poissons, & les étoiles de mer le dernier. Entre ces deux sortes d'animaux sont compris tous les poissons. Notre Philosophe suit le même ordre en parlant des oiseaux. L'autruche est le premier oiseau dont il écrit l'histoire, & il met au nombre des plus petits les chardonnerets, qui terminent son histoire naturelle des oiseaux. L'histoire des insectes vient ensuite, & finit le regne animal.

L'Auteur décrit le regne végétal avec le même ordre ; savoir, les plantes odorantes, les plantes étrangeres, les arbres fruitiers, les arbres sauvages, les arbres cultivés, les fruits, les herbes, &c. Et il consacre les derniers livres de son histoire naturelle au regne minéral. Enfin PLINE embrasse tous les objets des connoissances humaines : il ne laisse rien dans la nature & dans les arts qu'il n'examine. En un mot, son ouvrage est le tableau de la nature, des arts, & de toute l'industrie des Grecs & des Romains.

Ce fut un Evêque de Corse , appellé *Jean-André Buxio* , qui donna la premiere édition de cet ouvrage en 1470 ; & la meilleure édition qu'on en ait eue est celle du P. *Hardouin* , en deux volumes *in-folio.* Il manquoit à la littérature françoise une bonne traduction en notre langue : & on travaille à satisfaire le desir des Gens de Lettres à cet égard. Cette traduction est enrichie de notes critiques pour l'éclaircissement du texte , & d'observations sur les connoissances des anciens , comparées avec les découvertes des modernes : elle formera douze volumes *in-quarto.*

PTOLOMÉE.

PTOLEMÉE *.

IL semble que le zele d'*Hipparque* pour le progrès de l'Astronomie auroit dû faire des profélytes à cette science ; mais il ne parut que deux Astronomes qui se distinguerent depuis le temps où il mourut jusqu'à celui où naquit le Philosophe dont je vais écrire l'histoire. Ce sont *Josigénès* & *Agrippa*. Le premier ayant été invité par *Jules Céfar*, Dictateur & Souverain Pontife, à déterminer avec la plus grande exactitude la grandeur de l'année, s'appliqua à ce travail, & il trouva qu'elle étoit de 365 jours & 6 heures. Le second suivit les observations d'*Hipparque* sur le mouvement des étoiles, & observa, vers la fin du premier siecle de l'Ere chrétienne, une occultation des pléiades par la lune. Voilà les seules connoissances en Astronomie qu'on acquit pendant près de deux cents ans.

---

* *Histoire de l'Astronomie*, par M. *Cassini*. Joan *Veidleri*, *Historia Astronomiæ*. *Physique de Rohault*, Tome II. *Histoire des progrès de l'Esprit humain dans les sciences exactes*, &c. Et ses ouvrages.

Mais *Claude* PTOLEMÉE, qui naquit
dans ce temps, c'eſt-à-dire vers le commencement du ſecond ſiecle de l'Ere
chrétienne, ayant cultivé de bonne
heure les heureuſes diſpoſitions dont la
nature l'avoit favoriſé, donna une forme
à la ſcience des aſtres, & mérita par là
d'être qualifié de Prince des Aſtronomes.

Il étoit de Peluſe, ville d'Egypte.
C'eſt tout ce qu'on ſait de ſon origine.
On ignore abſolument quels étoient ſes
parents, & comment il fut élevé. L'hiſtoire nous apprend ſeulement qu'il commença à examiner tout ce qu'on avoit
écrit juſques-là ſur l'Aſtronomie, &
il fut ſupris de ne point trouver dans les
écrits des Aſtronomes qui l'avoient pré-
cédé, la diſpoſition ou l'arrangement des
corps céleſtes. Il crut que pour procéder
avec méthode, & par conſéquent avec
fruit, à l'étude de la ſcience des aſtres,
il falloit déterminer l'ordre ſelon lequel
ils ſont rangés, & quel lieu occupe dans
le monde le globe que nous habitons.
Il chercha donc à connoître cet ordre
en obſervant le mouvement des planetes, & les phénomenes divers, ou les
apparences qui réſultent de ces mouve-

ments. Son premier travail fut de bien s'assurer de ces apparences afin de bien les expliquer, & de parvenir par-là à la découverte du systême du monde.

Il compara d'abord, suivant la méthode d'*Hipparque*, Mercure & Vénus avec les étoiles fixes, pour connoître leur situation à l'égard de l'écliptique, & il reconnut que chacune de ces planetes avance d'Occident en Orient sous un cercle qui coupe l'écliptique en deux points opposés, & qui s'en écarte de part & d'autre d'une quantité determinée. Il trouva ensuite que ces deux planetes employoient environ une année à parcourir leurs orbites, & qu'elles paroissoient aller tantôt plus lentement & tantôt plus vite, sans garder aucune regle. Il vit encore qu'elles étoient toujours près du Soleil, & que quand Mercure est plus oriental de vingt-huit degrés, & Vénus de quarante-huit degrés, ces deux planetes deviennent peu à peu aussi occidentales à l'égard du Soleil, qu'elles avoient été orientales ; après quoi leur mouvement d'Orient s'augmente en sorte qu'elles devancent encore le Soleil, & deviennent encore aussi orientales qu'auparavant.

G 2

D'où peuvent provenir ces inégalités ?
C'est la question que Ptolemée se fit à
lui-même. Pour la résoudre il assigna à
chacune de ces planetes un ciel qu'il
plaça entre le ciel de la Lune & celui du
Soleil, & il estima que le ciel de Mercure étoit le plus proche de la terre, &
que celui de Vénus en étoit le plus éloigné. Il voulut ensuite qu'outre le mouvement diurne d'Orient en Occident,
qui est commun à tous les cieux, les
cieux de Mercure & de Vénus eussent
encore un mouvement propre par lequel
ils emportoient d'Occident en Orient un
petit cercle qu'il appella épicycle, dans
la circonférence duquel étoient placés
Mercure & Vénus, de façon qu'ils se
mouvoient par en haut d'Occident en
Orient, & par en bas d'Orient en Occident.

Or les centres des épicycles étant toujours sous le Soleil, ou à peu près,
Mercure & Vénus ne peuvent s'écarter
que d'une quantité déterminée ; & le
temps que ces épicycles emploient à
faire leurs révolutions autour de leur
centre n'étant pas d'accord avec le
temps auquel le Soleil parcourt l'éclip-
ticle, la durée des révolutions appa-

rentes de Mercure & de Vénus doivent avoir les irrégularités qu'on y observe.

A l'égard des trois planetes appellées Mars, Jupiter & Saturne, leur mouvement apparent n'eſt pas uniforme. Tantôt on les voit avancer d'Occident en Orient, tantôt on les voit pluſieurs jours de ſuite ſous un même endroit du ciel, & enfin elles paroiſſent ſouvent retourner vers l'Occident. On les nomme *directes* dans le premier cas, *ſtationnaires* dans le ſecond, & *rétrogrades* dans le troiſieme.

Pour expliquer ces apparences, PTOLEMÉE donne un ciel à chaque planete, qu'il place un peu au-delà de celui du Soleil, dans cet ordre, Mars, Jupiter & Saturne. Cette derniere planete eſt la plus éloignée de la Terre. Chacun de ces cieux contient un épicycle, vers la circonférence duquel la planete eſt enchaſſée. Outre le mouvement diurne commun à tous les cieux, ils ont un mouvement d'Occident en Orient, qui leur eſt propre, par lequel ils emportent ces épicycles. Et pendant que ces petits cercles tournent eux-mêmes à l'entour de leur centre, ils emportent chacun leur planete par en haut d'Occident en

Orient, & par en bas d'Orient en Occident ; de sorte que le temps d'une révolution entiere de l'écliptique de chacune de ces planetes est le même que celui qu'on remarque entre le milieu d'une rétrogradation & le milieu de la suivante.

Les cieux des planetes sont enveloppés par le ciel des étoiles ; & tous les corps célestes sont par conséquent disposés selon cet ordre :

La Terre est au milieu du monde , & la Lune fait sa révolution autour d'elle. Viennent ensuite Mercure , Vénus , le Soleil , Mars , Jupiter & Saturne : & voilà ce qu'on appelle le *système de* PTOLEMÉE.

Après avoir expliqué le mouvement des planetes, cet Astronome eut la curiosité de savoir si son prédécesseur (*Hipparque*) avoit marqué avec exactitude la longitude & la latitude des étoiles. Il observa donc ces astres , & trouva que leur latitude étoit telle qu'*Hipparque* l'avoit déterminée , mais que leur longitude étoit augmentée de deux degrés. Il conclut de là que les étoiles ne se mouvoient pas seulement d'Orient en Occident envingt-quatre heures, mais qu'elles avoient encore un autre mouvement d'Occident en Orient dans des cercles paralleles à l'écliptique, suivant lequel elles avançoient d'un degré en cent ans.

Pour faire ces observations, Pto-Lemée se servit d'un instrument inventé par *Hipparque*, nommé *astrolabe*. C'étoit une espece de sphere armillaire sur laquelle il y avoit un cercle qui tournoit autour des poles de l'écliptique, & qui étoit garni de pinnules diamétralement opposées. Notre Philosophe mettoit cette sphere dans le plan de la sphere céleste; & par la situation d'un astre à son égard, qu'il connoissoit en le visant avec les pinnules, il déterminoit sans calcul son lieu dans le ciel.

Ce n'étoit ici qu'un à-peu-près, ou une détermination peu exacte. Afin de connoître plus précisément la hauteur des astres, & sur-tout leur distance au zénith, il imagina un instrument composé de trois regles qui formoient un triangle isocele: il étoit garni de pinnules à un de ses côtés, & on le rectifioit par le moyen d'un fil à plomb.

Il restoit à mesurer le temps que duroient les observations, afin qu'elles fussent exactes. On ne connoissoit alors que des clepsydres : moyen trop grossier pour donner des divisions justes du temps. Afin de les déterminer avec plus de précision, notre Philosophe perfectionna une méthode qu'*Hipparque* avoit imaginée à cet effet. A l'instant de l'observation il mesuroit la hauteur du soleil, & il comparoit cette hauteur à celle d'une étoile, qu'il mesuroit pendant la nuit. En combinant la situation de ces astres avec la latitude du lieu, il venoit à bout de déterminer exactement l'heure du commencement & celle de la fin de l'observation.

Il connut ainsi la longitude & la latitude de mille vingt-deux étoiles, & en forma un catalogue. Il calcula aussi des tables du mouvement des planetes ; mais comme ces tables sont fondées sur de fausses idées qu'il avoit de leur mouvement, elles ne s'accordent point avec les observations, c'est-à-dire, avec leur véritable théorie.

C'est ce que reconnut le premier, 870 ans après J. C. un Astronome Arabe, nommé *Albategnius.* En comparant les observations de PTOLEMÉE sur la situation du soleil, avec les siennes, il remarqua que le mouvement de cet astre n'est pas égal à celui des étoiles, comme notre Philosophe l'avoit cru, mais qu'il étoit un peu plus rapide.

Il découvrit encore une erreur considérable dans son catalogue des étoiles; c'est que ces astres n'avancent pas d'un degré en longitude en cent ans, mais seulement en soixante-six ans : & par cette découverte il a rendu ce catalogue presque inutile.

Cela n'empêche pas que l'Astronomie ne doive beaucoup à PTOLEMÉE. Il fut surnommé par les Grecs *très divin* & *très sage*, & il a été estimé dans tous les temps pour un des plus grands Astronomes qui aient paru, & parmi les anciens & parmi les modernes. Il demeuroit à Canope, près d'Alexandrie, où il observa pendant quarante ans. Il croyoit que les corps célestes nagent dans un fluide parfait, qui ne fait aucune résistance à leurs différents mouvements : idée heureuse dont on a démontré la vérité. Il a encore reconnu le premier que la lumiere des astres, en venant à nous, se brise dans l'atmosphere. Enfin il a voulu expliquer pourquoi ils pa-

roiſſent d'une grandeur exceſſive lorſqu'ils ſont vus à l'horizon. Son ſentiment
à cet égard eſt tout métaphyſique. Selon
lui , cette grandeur n'eſt point réelle :
elle n'eſt qu'une pure illuſion. C'eſt
l'ame qui juge l'aſtre fort grand , relativement à la quantité d'objets interpoſés
qui donne l'idée d'une grande diſtance
lorſque l'aſtre eſt proche de l'horizon ;
au lieu qu'elle eſtime l'aſtre infiniment
plus éloigné lorſqu'il eſt élevé ſur l'horizon , parcequ'il n'y a point alors de
terme de comparaiſon.

Pour développer ſon opinion, & ſur la
réfraction des aſtres , & ſur leur grandeur apparente , notre Philoſophe avoit
compoſé un Traité ſur l'optique , qui eſt
perdu. Il avoit auſſi publié un ouvrage
ſur la Muſique , qui a eu le même ſort.
Nous ſavons cependant qu'il avoit fait
un ſyſtême de Muſique , dans lequel il
ſuppoſoit que le ton mineur ne pouvoit
être diviſé en deux demi-tons : ſuppoſi-
tion abſolument fauſſe , laquelle a entraîné la ruine de ſon ſyſtême. L'objet de
ce ſyſtême étoit de ſatisfaire les ſens
& la raiſon dans la compoſition d'une
piece de muſique , parcequ'il croyoit

que , pour en bien juger , les sens & la raison devoient concourir à ce jugement.

Nous ne pouvons douter que ce grand homme n'ait écrit sur la Géométrie & sur la Méchanique ; mais les seuls de ses ouvrages qui nous restent , ce sont ceux qu'il a publiés sur l'Astronomie & sur la Géographie. On trouve dans ce dernier trois belles découvertes qui ont infiniment contribué aux progrès de la Géographie. La premiere est la détermination des longitudes par les éclipses de lune , après avoir établi un premier méridien ; la seconde , la détermination de la latitude , en observant la distance de chaque lieu à l'équateur ; & la troisieme , d'avoir enseigné la construction des cartes d'après les principes astronomiques , & donné les projections propres à représenter le globe terrestre.

Cet ouvrage est encore infiniment estimable par plusieurs belles connoissances qu'il contient ; mais on y trouve aussi des erreurs qui ont été fort bien relevées par différents Savants. On peut voir sur tout cela les *Mémoires de l'Académie royale des Inscriptions* , Tomes III, V, VII, &c.

On ne fait point à quel âge Ptolemée eſt mort ; mais il y a lieu de croire
que ſa carriere a été longue. On le pré-
ſume par ſes travaux, qui forment ſeuls
l'hiſtoire de ſa vie.

ALBERT LE GRAND.

M.lle Cl. Reydellet del.

Riquesat s.

ALBERT LE GRAND *.

LA réputation que *Ptolemée* s'étoit acquise par ses ouvrages, fut aussi préjudiciable aux progrès de l'Astronomie que ses découvertes leur avoient été avantageuses. On adopta aveuglément son systême & ses hypotheses, & on conçut de lui une si haute idée, qu'on désespéra d'ajouter à ses découvertes. On admira pendant des siecles entiers ses ouvrages, sans oser se permettre de les examiner, & ce ne fut qu'avec les plus grands ménagements que des Astronomes éclairés releverent différentes méprises qu'ils y remarquoient. Mais enfin *Alphonse*, Roi de Castille, grand amateur de la science des astres, assembla dans son palais les plus habiles Astronomes, & leur enjoignit de corriger la théorie de l'Astronomie, qui paroissoit toujours plus défectueuse à

---

* *Alberti Magni vita*, *auctore Petro de Prussia*. *Académie des Sciences*, par *Brullart*, Tome II. *Apologie des Grands Hommes*, par *Naudé*. *Dictionnaire hist. & crit.* de *Bayle*, art. *Albert le Grand. Histoire ecclésiastique*, par M. *Fleuri*, Tome XVII, &c. Et ses ouvrages.

mesure que les observations se multi-
plioient. C'est aussi ce que firent ces
Savants. D'après une nouvelle théorie
qu'ils avoient imaginée, ils calculerent
de nouvelles tables, & les publierent
sous le titre de *Tabulæ Alphonsinæ*. Elles
paroissoient à peine, qu'un Astronome
Arabe en fit une critique aussi sévere
que juste. Les Astronomes d'*Alphonse*
convinrent de leur tort ; &, sans prévention & sans entêtement, ils se ré-
tracterent. Le Roi de Castille récom-
pensa généreusement leur travail & leur
docilité ; & bien loin de leur savoir
mauvais gré de leurs méprises, il les
attribua non au défaut de leur pénétration & de leur sagacité, mais au vice
de la construction de l'univers ; de sorte
qu'il lui échappa de dire que » si Dieu
» l'eût appellé à son conseil quand il fit
» le monde, il lui eût donné de bons
» avis.

Cependant quoique la glace fût rom-
pue, si je puis me servir de cette expression vulgaire, l'Astronomie languit
jusqu'à la renaissance des Lettres. On
assure que le Philosophe qui va nous
occuper, cultiva aussi cette science ;
mais ce fut sans succès. Il étudia avec

plus de fruit la Méchanique & la Chymie. Ç'a été sur tout un des plus grands sectateurs d'*Aristote*, & un des hommes les plus singuliers & les plus étonnants qui aient paru sur la scene du monde.

Il se nommoit ALBERT *Bolstadius*; mais il perdit ce dernier nom lorsqu'il acquit cette réputation qui le fit connoître chez toutes les Nations éclairées, & qui lui procura le surnom de Grand; de sorte qu'on ne l'appelle plus depuis long-temps qu'ALBERT LE GRAND M. *de Voltaire* dit qu'on ne lui donna l'épithete de Grand que parcequ'il vivoit dans un siecle où les hommes étoient fort petits. Les Auteurs du *Nouveau Dictionnaire historique portatif* prétendent que cette raison ne vaut rien, & qu'on ne l'appelloit Grand que parceque son nom véritable est ALBERT GROT, & que le mot *grot* signifie *grand*. La question se réduit donc à savoir si le mot *grot* est un substantif ou un adjectif, & elle est décidée par le savant Auteur de l'Histoire ecclésiastique.

C'étoit l'usage ordinaire dans le treizieme siecle d'accorder des titres magnifiques à ceux des Docteurs qui se distinguoient dans les écoles: on leur donnoit les épithetes d'irréfragable , d'illuminé , de réfolu , de folemnel , d'univerfel , fuivant qu'on jugeoit que ces épithetes convenoient à leur capacité. C'eſt ainſi qu'on donna à ALBERT le furnom de GRAND , parcequ'il s'étoit autant diſtingué entre les Théologiens qu'*Alexandre* entre les Guerriers.

Ce Philofophe naquit à Lawingen fur le Danube dans la Suabe l'an 1193 ou environ , de la famille des Comtes de Bolſtad. Il fit fes premieres études à Paſſaw avec peu de fuccès , fuivant le témoignage de tous les Hiſtoriens. Cependant M. *Fleuri* dit qu'il étoit déja fort favant en Philofophie , & particuliérement en Phyſique, lorſqu'il entra, à l'âge de 19 ans , dans l'Ordre des Freres Prêcheurs. Comment cela fe concilie-t-il avec fon peu d'intelligence ? Il eſt atteſté que fa ſtupidité & fa pefanteur d'efprit étoient telles , qu'elles fervoient de jouet ordinaire à fes compagnons d'étude , & qu'il en eut tant de chagrin , qu'il voulut un jour fe précipiter des murs du couvent : ce qu'il ne fit pourtant point. C'eſt fans doute pour excufer fon manque de courage , qu'on a inventé une hiſtoire qui mérite d'être rapportée par fa ſingularité.

Prêt à faire le saut périlleux, ALBERT vit la Sainte Vierge qui le soutint, en lui demandant en quoi il aimoit mieux exceller, ou en Philosophie, ou en Théologie. ALBERT choisit la Philosophie, & la Sainte Vierge l'assura qu'il y deviendroit incomparable; mais que pour le punir de n'avoir pas choisi la Théologie, il tomberoit avant sa mort dans sa premiere stupidité. Après cette apparition, il eut infiniment d'esprit, & il fit de si grands progrès dans les sciences, qu'il étonna tous ses Maîtres; mais trois ans avant sa mort il oublia tout d'un coup ce qu'il savoit : ce fut en faisant une leçon de Théologie à Cologne qu'il s'apperçut de son changement d'état. Ayant tâché en vain de rappeller ses idées, il comprit que c'étoit-là l'accomplissement de la prédiction : ce qui fit dire qu'il avoit été métamorphosé d'âne en Philosophe, & de Philosophe en âne.

On a sans doute imaginé ce petit conte pour expliquer les deux états de stupidité d'ALBERT LE GRAND. Quelque ridicule qu'il soit, il sert toujours à prouver que ce Philosophe eut d'abord peu de disposition pour l'étude, & qu'il n'annonça pas dans sa jeunesse ce qu'il devint dans l'âge mûr. Il professa d'abord la Philosophie à Cologne, & successivement à Hildesheim, à Fribourg, à Ratisbonne & à Strasbourg. Il revint ensuite à Cologne, & reçut Saint *Thomas d'Aquin* au nombre de ses disciples.

Les Supérieurs de son Ordre l'envoyerent à Paris en 1245. Il y reçut le bonnet de Docteur l'année suivante. Les leçons qu'il donna dans cette ville furent si goûtées, que son école devint bientôt trop petite pour contenir tous ses disciples. Il fut obligé de les continuer dans une place publique pour satisfaire les gens de tout âge & de tout état qui se portoient en foule pour l'entendre. C'est celle que nous nommons aujourd'hui la *Place Maubert*, parcequ'on l'appelloit anciennement la place de *Maître Aubert*, ou *Albert*. Notre Philosophe n'y enseignoit cependant que la doctrine d'*Aristote* qu'il avoit obscurcie en voulant l'éclaircir : comme cette obscurité donnoit lieu à de grandes disputes, on en faisoit beaucoup de cas, car on n'étudioit point tant alors pour s'instruire, que pour disputer & subtiliser à l'infini.

Le but de ceux qui professoient étoit de se faire admirer, & d'embarrasser

leurs adverfaires par des queftions cap-
tieufes. Ils chicanoient fans fin fur les
mots & fur la valeur des négations mul-
tipliées ; & quand ils avoient beaucoup
parlé fans rien dire , ils terminoient
glorieufement la féance.

Il faut croire , pour l'honneur d'AL-
BERT , que ce fut dans la vue de fe conformer au goût de fon fiecle qu'il com-
pofa un gros livre fur la Logique , où il
nova la Logique d'*Ariftote*. C'eft un la-
byrinthe dans lequel l'efprit le plus pénétrant fe perd. Cette Logique fi étendue prouve qu'ALBERT lui-même n'étoit
pas bon Logicien , & qu'il ne raifonnoit
point avec juftefe , comme le remarque
M. *Fleuri*. Car il devoit confidérer ,
ajoute ce favant Hiftorien , que la Logique n'eft que l'introduction à la Philofophie & l'inftrument des Sciences , &
que la vie de l'homme eft courte , prin-
cipalement étant réduite au temps utile
pour étudier. Or que diriez-vous d'un
curieux qui , ayant trois heures pour
vifiter un magnifique palais , en paffe-
roit une dans le veftibule ; ou d'un ouvrier qui , ayant une feule journée pour
travailler , en emploieroit le tiers à
préparer & à orner fes inftruments ?

C'eſt une queſtion que fait le même Hiſtorien , pour rendre ſenſibles les écarts
de notre Philoſophe dans ſa Logique.

La Phyſique qu'il profeſſoit étoit la
Phyſique du temps , c'eſt-à-dire qu'il
ne conſultoit point la nature; il la cherchoit ſeulement dans les livres d'*Ariſtote*
comme tous les autres Profeſſeurs. Apparemment que ſes inſtructions avoient
quelque mérite particulier pour remuer
ainſi tout Paris : elles étoient ou plus
riches , ou plus abondantes , ou même
plus éloquentes que celles qu'on donnoit
dans les colleges de cette capitale ; car
pourquoi les auroit-on préférées avec
tant d'éclat à ces dernieres ? On prétend
que la raiſon de ce concours étoit la réputation qu'Albert s'étoit acquiſe par
quelques découvertes des ſecrets de la
nature , & par pluſieurs inventions méchaniques. Il eſt certain, dit *Bayle* , que
ce Philoſophe étoit le plus curieux de
tous les hommes. Il liſoit beaucoup , &
étudioit particuliérement la Méchanique. Son eſprit inventif le ſeconda ſi
bien dans cette étude , qu'il fit un automate trop merveilleux peut-être pour le
temps.

C'étoit une tête parlante. Cela eſt

difficile à croire. Auffi les Hiftoriens les plus éclairés affurent qu'elle ne rendoit que des fons qu'on expliquoit comme on vouloit , & voilà ce qui faifoit dire qu'elle parloit. Mais dans ce temps où Albert vivoit , on aimoit le merveilleux , & on fe repaiffoit d'illufions & de chimeres. Ceux qui n'avoient pas vu l'automate de notre Philofophe affuroient qu'il parloit ; & pour le perfuader au public , ils foutenoient qu'on pouvoit faire des têtes d'airain fous certaines conftellations , & en tirer des réponfes qui fervoient de guide dans toutes les affaires que l'on avoit. Quelque étrange que foit cette opinion , il y a eu des gens qui l'ont embraffée , & qui ont écrit qu'un nommé *Henri de Villeine* avoit fait une tête parlante à Madrid , qui fut brifée par ordre de *Jean* II , Roi de Caftille , & que le Pape *Silveftre* , *Robert de Lincolne*, ont eu de femblables têtes ; mais perfonne ne le croit.

A l'égard de la tête d'Albert , deux Auteurs, fort obfcurs à la vérité, nommés *Henri de Affia* & *Barthelemi Sibille* , veulent qu'elle fut compofée de chair & d'os , non par nature , mais par art. Mais *Naudé* , qui cite ces Auteurs , fe moque de leur autorité. Il suppose que l'automate de notre Philosophe étoit de métal, qu'il n'entendoit ni ne parloit, que c'étoit une statue d'airain qui rendoit des sons semblables à ceux qui sortoient de la bouche d'un homme, comme le serpent d'airain de *Boëce* en rendoit suivant le langage de cet animal, c'est-à-dire, en sifflant.

Si cela est, comme il y a lieu de le croire, il est possible que Saint *Thomas*, effrayé de cette nouveauté, ait cassé cet automate. Je croirois facilement, dit *Bayle*, qu'Albert, qui savoit les Méchaniques, avoit fait une tête dont les ressorts pouvoient former quelques mots articulés.

Ainsi, de quelque maniere qu'on explique la chose, ce n'est pas une merveille que notre Philosophe eût construit une semblable tête. C'étoit beaucoup dans ce temps-là pour les hommes qui croupissoient dans une ignorance plus grossiere encore que celle de nos premiers peres avant la culture des sciences: mais ce seroit une bagatelle pour nous.

Quoi qu'il en soit de cette merveille, Albert donna une forme à la dispute, qui contribua beaucoup à mettre de

l'ordre dans les matieres. C'est un grand
service qu'il rendit aux Lettres ; mais il
eût mieux fait encore d'étudier les ouvrages des Grecs , & de les imiter , &
dans ses instructions , & dans ses compositions. Tout ce qu'ont écrit ces hommes éclairés , est solide , agréable &
d'un goût exquis: par-tout paroît le bon
sens & l'imitation de la plus belle nature. Par malheur les Grecs n'étoient
plus à la mode : car c'est une observation bien juste de M. *Fleuri* , qu'il regne
dans chaque siecle un certain goût qui
se répand sur toutes sortes d'ouvrages.
Par là se détruit , ajoute ce judicieux
Ecrivain , un préjugé assez ordinaire ,
que les sciences vont toujours se perfec-
tionnant ; qu'il est facile d'ajouter aux
inventions des autres ; que les hommes
plus médiocres qu'eux le peuvent faire ,
& qu'un Nain , monté sur les épaules
d'un Géant , voit plus loin que le Géant
même. Pour ajouter à la doctrine des
anciens , il eût fallu la connoître , &
c'est ce que les Docteurs du temps ne
vouloient pas faire. Ainsi le Nain de-
meurant à terre , sa vue étoit très bor-
née (1).

------

(1) Voyez le cinquieme *Discours sur l'Histoire Ecclésias-*
tique.

Notre Philosophe fut entraîné par le torrent. Il donna dans le merveilleux, qui étoit fort à la mode ; & l'envie de se distinguer comme les autres lui fit étouffer les lumieres de sa raison. Il chercha la pierre philosophale, & composa des ouvrages sur la magie, qui ne parurent cependant que lorsqu'il fut quitte des emplois ou des dignités que son Ordre lui conféra.

Après avoir professé trois ans à Paris, ALBERT retourna à Cologne. Il s'y livra à l'étude ; mais on le tira de sa retraite pour qu'il remplît les fonctions de Provincial d'Allemagne. C'étoit en 1254. Pendant qu'il fut en charge il faisoit ses visites à pied, sans argent, & demandant l'aumône. Quand il séjournoit dans un monastere, il s'occupoit à transcrire des livres, & les laissoit à la maison.

A la fin de son provincialat, on l'envoya Nonce en Pologne pour y abolir la coutume barbare de tuer les enfants qui naissoient imparfaits, ou les vieilles gens invalides. Le Pape *Alexandre* VI, l'ayant ensuite appellé à Rome, le fit Maître du sacré Palais. Comme il étoit fort petit, le Pape ne s'apperçut pas qu'il étoit debout lorsqu'il eut baisé ses
pieds,

pieds ; & le croyant encore à genoux,
il lui ordonna de se lever : mais dans ce
petit corps il y avoit un esprit fort
étendu.

A peine fut-il arrivé à Rome qu'il se
distingua dans la dispute que les Jacobins & les Cordeliers eurent avec un
Docteur fougueux , connu sous le nom
de *Guillaume de Saint-Amour.* Il s'agissoit
de savoir si ces Religieux étoient fau-
teurs de cette hérésie , » que l'Evangile
» de Jesus-Christ devoit finir en 1260
» pour faire place à l'Evangile éternel,
» autant supérieur à celui de Jesus-
» Christ que le soleil est plus parfait que
» la lune ». Et à cette occasion ce Docteur se plaignit hautement que les nouveaux Religieux abusoient de leurs privileges, & troubloient l'ordre de la hié-
rarchie. Notre Philosophe , en qualité de
Jacobin , se crut obligé de répondre à
Guillaume de Saint-Amour, & il le fit
avec une supériorité qui lui acquit l'estime du Pape & la vénération de son
Ordre.

Sa Sainteté crut devoir reconnoître
par des distinctions un mérite si éminent.
Elle lui offrit cependant en vain plusieurs
dignités ; mais il ne put refuser l'Evêché

de Ratisbonne, que le Pape lui ordonna d'accepter. Le Général de son Ordre, ayant appris cette nouvelle par des lettres de la Cour de Rome, en fut sensiblement affligé, & écrivit à ALBERT pour l'engager à ne point quitter l'habit de Religieux. » Qui sera celui, lui écrit-» il, non seulement des nôtres, mais » des Religieux pauvres, qui résistera à » la tentation de passer aux dignités, si » vous y succombez ? Votre exemple » ne servira t-il pas plutôt d'excuse ? » Ne soyez pas touché, je vous en con-» jure, des conseils, ou des avis de » Nosseigneurs de la Cour de Rome ; » ces sortes d'affaires se tournent bien-» tôt en raillerie & en dérision. Ne » soyez pas découragé par quelques dé-» sagréments de l'Ordre, qui se glorifie » particuliérement de vous en Notre » Seigneur. Quand ces peines seroient » plus grandes qu'elles n'ont jamais été, » un homme de votre force les devroit » porter gaiement, &c.

Malgré les instances du Général des Jacobins, notre Philosophe se fit sacrer Evêque ; mais il ne garda son Evêché que trois ans. En quittant l'habit de Religieux, il n'avoit pas changé sa maniere

de vivre. Il prêchoit souvent, & s'ac-
quittoit de toutes les fonctions épisco-
pales sans discontinuer ses études & la
composition de ses livres : mais dès qu'il
fut entiérement libre, il se livra à son
penchant naturel, & étudia les secrets
les plus cachés de la nature.

Il crut pouvoir parvenir à ce but par
le secours de la chymie, & cette étude
le conduisit à croire à la transmutation
des métaux en les purifiant de tout ce
qu'il y a d'impur. Il appelloit le plomb
un *or lépreux ;* expression qu'il disoit
avoir empruntée d'*Aristote :* mais ne se-
roit-elle pas plutôt de *Geber ?* En effet,
ce Chymiste appelloit les métaux les
plus bas les lépreux, & les métaux plus
fins ceux qui se portent bien. Ainsi, quand
il parloit de les convertir en or, il disoit,
je voudrois guérir six lépreux.

Quoi qu'il en soit, ALBERT avoit un
sentiment sur l'origine des métaux, qu'il
estima si vrai, qu'il en faisoit un principe
général : c'est que tous les métaux ont
une origine commune dans le vif-argent
& le soufre. Il y a apparence qu'il a re-
cherché la pierre philosophale, car son
principe le conduisoit naturellement à
cette recherche. Mais il ne faut pas croire

qu'il l'ait découverte, ni qu'il ait acquitté » par le moyen d'icelle, en moins
» de trois ans, toutes les dettes de son
» Evêché de Ratisbonne (1) », comme
on l'a écrit. On veut encore qu'il fut
Magicien, c'est-à-dire, un Char-
latan, car ces deux mots sont syno-
nymes.

Cette derniere prétention est fondée
sur deux ouvrages qu'on lui attribue. Le
premier est intitulé *De Mirabilibus*. C'est
un livre rempli de secrets merveilleux,
qui a sans doute donné lieu à cet ouvrage
si connu sous le titre des *Secrets d'Albert
le Grand :* production bien capable d'a-
muser le peuple & les enfants, mais indigne de porter le nom de notre Philosophe. Le second ouvrage qu'on met sur
son compte est le *Miroir d'Astrologie, où il
est traité des Auteurs licites & défendus qui
ont écrit de cette science.* On trouve dans
ce *Miroir* l'éloge des livres de magie : ce
qui n'est point une chose si repréhen-
sible, si l'on en croit le Jésuite *Vasquez,*
qui n'a point rougi d'écrire » que les
» livres de magie sont nécessaires, &
» les Magiciens permis de Dieu, afin

---

(1) *Apologie des grands Hommes,* page 519.

» que les libertins foient aucunement
» retirés de l'athéifme (1).

Mais il eft prefque démontré qu'il eft
auteur du livre intitulé *De natura rerum*,
où il traite du métier des Sages-femmes.
Ce traité eft fi approfondi , que notre
Philofophe a dû exercer ce métier
pour en parler en maître. C'eût été fans
doute quelque chofe de bien fingulier
de voir Albert le Grand mettre la
main à l'œuvre pour faire accoucher
une femme. Cependant l'Auteur foutient que cette matiere peut fort bien
appartenir à la plume d'un Religieux , à
caufe que l'ignorance des Accoucheufes
fait périr beaucoup d'enfants , & les
prive pour jamais de la béatitude célefte. Il ne dit pas que la profeffion de
Sage-femme peut convenir auffi à un
Religieux ; mais on eft en droit de le
conclure de la raifon qu'il donne pour
s'autorifer à écrire fur cette matiere.

C'eft pour cette même raifon que les
Athéniens avoient fait une loi qui dé-
fendoit aux femmes de fe mêler de ce
métier. Les Dames d'Athenes ne voulurent point fe foumettre à cette loi , &

____

(1) Voyez *Bayle* , art. *Albert* , note F.

il y en eut beaucoup qui moururent en travail d'enfant, parceque la honte les empêchoit de recourir à des Médecins. Il y a long-temps que la honte des femmes Athéniennes ne subsiste plus ; & comme la réputation d'Albert le Grand étoit très bien établie, que sait-on s'il n'y avoit point des femmes qui se faisoient gloire d'être accouchées de sa main ?

Dans le livre *De Secretis mulierum*, notre Philosophe touche une matiere plus délicate encore que celle des accouchements : c'est sur la pratique du devoir conjugal. L'Auteur se permet des expressions qui choquent les oreilles chastes. Aussi se récria-t-on beaucoup sur cette liberté lorsque ce livre parut ; mais les disciples d'Albert le justifierent, ou prétendirent le justifier, en disant qu'on apprenoit tant de choses monstrueuses dans le confessionnal, qu'il étoit impossible de toucher à cette matiere sans se servir de termes un peu sales.

L'Historien de sa vie, *Pierre* de Prusse, a écrit dans cette même vie qu'il est avantageux & même nécessaire de savoir les choses naturelles, sans exception des impudiques : *Scire naturalia*

etiam impudica utile est & necessarium :
ainsi ALBERT LE GRAND a eu raison de
travailler sur des sujets remplis d'ordures, afin que les Casuistes fussent en
état de remédier aux désordres de leurs
Pénitents.

Quelques Ecrivains ont prétendu que
notre Philosophe a inventé le gros canon, l'arquebuse & le pistolet ; mais
c'est une prétention qui est dénuée de
fondement. Ce qui a donné lieu à cette
opinion, c'est que ces inventions parurent de son temps.

C'est à Cologne que notre Philosophe
s'étoit retiré lorsqu'il eut donné la dé-
mission de son Evêché. Il y vivoit dans
le recueillement & dans la retraite, toujours livré à l'étude. Sa santé se soutint
jusqu'à la fin de sa carriere : on ne sait
point, ou par quel accident, ou de
quelle maniere il mourut ; mais on est
certain qu'il expira le 15 Novembre de
l'année 1280, âgé de 87 ans.

Son corps fut enterré au milieu du
chœur du couvent des Jacobins de Grenoble, & on porta ses entrailles à Ratisbonne, lieu de son Evêché. L'Empereur *Charles-Quint* fit déterrer ce corps,
on ne sait pas pourquoi, & on le trouva

tel qu'il étoit le jour de sa mort. Là-
dessus les partisans d'ALBERT crierent
au miracle ; ils se servirent de ce prodige
pour justifier ALBERT de l'accusation de
magie dont on ne cessoit de tacher sa
mémoire. Ils dirent que Dieu lui-même
rendoit témoignage à la sainteté de
notre Philosophe en préservant son cadavre de corruption. Et là - dessus un
Jésuite nommé *Raderus* a fait trois cents
vers latins, qui finissent ainsi :

Illius doctas mirentur sæcla chartas,

Miror ego salvas post tria sæcla manus.

Le P. *Jammy*, Jacobin de Grenoble,
a donné en 1651 une édition des ouvrages d'ALBERT en 21 volumes *in-folio.*

ROGER BACON *.

Tout le monde fait que l'accufation
de magie fut très commune dans les treizieme & quatorzieme fiecles, comme
l'obferve fort à propos l'Auteur de l'Hiftoire critique de la Philofophie : ce qui
provenoit particuliérement de la grande
ignorance des gens d'Eglife, & de la jaloufie qu'ils portoient à ceux qui les furpaffoient en favoir (1). On ne connoiffoit alors que la Philofophie d'*Ariftote*,
& on la connoiffoit fort mal. Les traductions qu'on avoit de cette Philofophie,
faites fur des verfions arabes, occafionnoient des erreurs fi groffieres & des
impiétés fi grandes, que les Théologiens de Paris condamnerent au commencement du treizieme fiecle les ouvrages de ce Philofophe, & excommunierent ceux qui oferoient les lire. Le

---

* *Vie de Roger Bacon*, dans la Préface du Docteur
Jebb, qui eft à la tête de l'*Opus majus*. Londres 1733.
Apologie des grands Hommes par *Naudé*. *Dictionnaire de
Bayle*, art. *Roger Bacon*. *Dictionnaire de Chaufepié*, même
article. *Hiftoire de la Médecine* par M. *Freind*. Et fes ouvrages.

(1) *Hift. crit. de la Phil.* Tome III, page 332.

P. *Rapin* prétend que ce qui donna sur-
tout lieu à ce jugement, ce fut la conduite d'un brouillon nommé *Amauri*,
qui vouloit soutenir ses extravagances
par les principes d'*Aristote*. Il soutenoit
que Dieu servoit de forme à la matiere
de tous les êtres, & que cette matiere
étant incréée étoit divine. On imputa
les erreurs d'*Amauri* au Philosophe
Grec, & voilà pourquoi on condamna
si sévérement sa doctrine (1).

Heureusement, *Michel Scot* ayant
publié une bonne version latine de ses
ouvrages, on reconnut la fourberie
d'*Amauri*, & on revint de sa prévention
contre *Aristote*. Ce Philosophe reprit
faveur. Les nouveaux Ordres des Domi-
nicains & des Franciscains, qui furent
établis vers ce temps-là, favorisant sa
Philosophie, & la défendant dans leurs
leçons publiques, *Aristote* acquit une si
grande autorité, qu'on ne donnoit qu'à
lui seul le titre de Philosophe. Toutes les
personnes éclairées s'empresserent à tra-
duire ses autres ouvrages, & cela fit
naître une louable émulation qui ranima
le goût de l'étude.

---

(1) *Comparaison de Platon & d'Aristote*, Tome VI.

ROGER BACON.

M.r Cl. Reydellet del.

Cependant, quoiqu'il n'eût jamais paru
un plus grand air de savoir, ni qu'on se
fût jamais plus appliqué à diverses sciences en tant de lieux depuis quarante ans,
il n'y avoit jamais eu néanmoins tant
d'ignorance & tant d'erreurs. Les nouveaux traducteurs n'entendoient point
assez ni la langue ni les matieres pour
rendre exactement la doctrine d'*Aristote*.
Aussi les maîtres & les étudiants, n'ayant
rien qui les portât à des études solides,
perdoient leur temps & leurs peines à
languir sur de mauvaises traductions.
Tout cela retardoit tellement le progrès
des sciences, qu'on ne comptoit que
quatre personnes en Europe qui entendissent les éléments d'*Euclide*. Les étudiants s'arrêtoient à la cinquieme proposition de ces éléments, qu'on appelloit *le Pont aux ânes* (1).

Ce fut dans ce siecle d'ignorance, &
au milieu de tant de ténebres, que na-

---

(1) C'est Bacon lui même qui nous apprend cela dans
son ouvrage qui est intitulé *Specula Mathem.* & après
lui *Freind* dans son *Hist. de la Médecine*. Mais n'y auroit-
il pas ici une erreur ? La proposition qu'on appelle le Pont
aux ânes est la quarante septieme proposition du premier
Livre d'*Euclide* : c'est la propriété du triangle rectangle ;
au lieu que la cinquieme du même Livre est la propriété du
triangle isocele.

quit *Roger* BACON d'une famille honnête en 1214 à Ilchester dans la province de Sommerset. Il commença ses études à Oxford, & les continua avec un succès extraordinaire. Comme l'Université de Paris étoit très fréquentée dans ce temps-là par les Anglois, il y alla perfectionner ses connoissances. Il y apprit la Physique & la Théologie : on dit même qu'il enseigna cette derniere science. Il est toujours certain qu'il prit des grades dans cette Université, & qu'il y reçut le bonnet de Docteur.

De retour à Oxford, il étudia les langues ; & cela avec tant de facilité, qu'il composa une Grammaire latine, grecque & hébraïque, laquelle fut très accueillie. Son mérite lui concilia l'estime de M. *Groslete*, Evêque de Lincoln. On prétend que ce Prélat, le voyant embarrassé sur l'état qu'il devoit prendre, lui conseilla d'entrer dans l'Ordre des Cordeliers ; mais on ne sait point si c'est en Angleterre ou à Paris qu'il prit l'habit de cet Ordre. Il avoit alors 26 ans.

Quoi qu'il en soit, ses Supérieurs l'ayant chargé d'instruire les fideles dans la chaire de vérité, il eut occasion de

prêcher à Oxford devant le Roi *Henri*
III. L'éclat du trône n'éblouit point le
Prédicateur. Il ofa repréfenter au Roi
fes devoirs avec la fermeté d'un véritable Apôtre. Il cenfura ce Prince de ce
qu'il donnoit les premiers emplois du
Royaume à des étrangers. C'étoit faire
fa cour à la Nation : auffi ce fermon fit
beaucoup de bruit en Angleterre , &
fixa fur lui les regards des Anglois.

Il y avoit lieu de croire que ce fuccès
l'engageroit à remplir une carriere dont
les commencements étoient fi heureux ;
mais il avoit un goût naturel pour l'é-
tude des fciences , qui devenoit chaque
jour plus dominant. En vain notre Philofophe voulut amortir cette inclination,
elle prit enfin le deffus , & déformais il
fe livra abfolument à la culture de la
Philofophie.

Il s'appliqua d'abord aux Mathématiques , qu'il regarda comme la premiere & la clef des autres fciences. Il
rechercha avec beaucoup de peine & de
foin les ouvrages des anciens , & n'oublia rien pour fe procurer de toutes parts
les livres les plus rares & les meilleurs.

A l'étude des Mathématiques il joignit celle de la nature ; & ayant affocié

à ſon travail des jeunes gens qui venoient chez lui profiter de ſes lumieres,
il fit avec eux à grands frais pluſieurs
expériences. Ce fut ſon occupation pendant près de vingt ans : auſſi fit-il de
très belles découvertes dans toutes les
ſciences : Aſtronomie , Perſpective ,
Méchanique , Chymie , Médecine
même , tout fut ſoumis à ſes lumieres ;
& il n'y eut point d'objets des connoiſſances humaines qu'il ne perfectionnât.

Ses obſervations ſur le cours annuel
du Soleil (ou de la Terre) lui firent découvrir une erreur dans le calendrier à
l'égard de l'année ſolaire : c'eſt que le
temps de l'équinoxe marqué dans ce calendrier anticipoit de pluſieurs jours. Il
propoſa la correction de cette erreur en
1267 au Pape *Clément* IV , qui n'eut
aucun égard à ſes repréſentations. Cependant la poſtérité l'a bien vengé ſur
cette indifférence du Pape ; car la fa-
meuſe correction de *Grégoire* XIII eſt la
même que celle que BACON avoit pro-
poſée, à cette différence près, que notre
Philoſophe vouloit la faire remonter
juſqu'à la naiſſance de *Jeſus-Chriſt* , au
lieu que la correction grégorienne s'eſt
arrêtée au temps du Concile de Nicée.

C'étoit là le vrai point , selon lui , d'où il falloit partir pour la réforme du calen-lendrier ; car l'ere de la naissance de J. C. est une époque bien plus considé-rable & bien plus digne de la vénération des Chrétiens que celle du Concile de Nicée.

En cultivant l'Astronomie , Bacon comprit combien il étoit essentiel d'y joindre l'Optique. Cette science étoit négligée : il n'y avoit que trois per-sonnes en Angleterre qui l'entendissent. Notre Philosophe rechercha la cause de la réflexion & de la réfraction de la lu-miere des astres , de la grandeur appa-rente des objets , de la grosseur extra or-dinaire du Soleil & de la Lune à l'hori-zon , & enfin de la rondeur de l'image du Soleil passant par une ouverture quelconque ; mais ce ne fut qu'une re-cherche. Il comprit cependant que par la réfraction on peut faire paroître petits les grands objets , & réciproquement faire paroître grands les plus petits ; rapprocher les objets les plus éloignés , & éloigner les plus proches , de façon qu'il seroit possible de faire descendre en apparence le Soleil , la Lune & les Etoiles.

De la réfraction, Bacon paſſa à la théorie de la convexité des verres & des miroirs dont il voulut déterminer les foyers, & cette étude lui fit connoître que toutes les ſortes de verres qui groſſiſſent ou diminuent un objet, l'approchent ou l'éloignent de l'œil.

Pour réduire cette théorie en pratique, il tailla lui-même des verres, & les plaça de telle maniere entre l'œil & l'objet, que la réfraction & la réflexion des rayons de la lumiere ſe faiſoient du côté qu'il vouloit. Ce n'étoit point ſans peine qu'il parvenoit à mettre ſes idées à exécution ; car ſes vues alloient beaucoup au-delà de ſes moyens : mais ne pouvant tout faire, il aſſura qu'en ſuivant ſa théorie on verroit ſous tel angle qu'on ſouhaiteroit l'objet proche ou éloigné, & qu'ainſi on pourroit lire le plus petit caractere à une diſtance incroyable, compter les grains de ſable, à cauſe de la grandeur de l'angle ſous lequel on les regarderoit. C'étoit prévoir la découverte du Téleſcope & du Microſcope, & indiquer les moyens de conſtruire ces inſtruments. Il fit encore lui-même pluſieurs miroirs ardents ; &, ſi l'on en croit M. *Freind*, il conçut la chambre obscure, qui a été découverte en 1510 par *Jean-Baptiste Porta*, Italien.

A l'étude de l'Optique, Bacon joignit celle de la Chymie : il ne fit pas à la vérité de grandes découvertes sur cette science ; mais il inventa plusieurs machines admirables, où il se servit avec beaucoup de succès des corps élastiques. On assure qu'il avoit fabriqué un pigeon de bois qui voloit, un char volant, des statues qui marchoient, & une tête qui articuloit des sons ; mais il n'a point décrit ces inventions, qui ne sont peut-être pas si merveilleuses qu'on nous le dit. M. *Freind* remarque à ce sujet que ces machines n'étoient pas construites par aucun pouvoir magique, mais par un autre pouvoir fort supérieur ; savoir, celui de la Philosophïe & de la nature, qui peut opérer des choses que les ignorants regardent comme des miracles ; & cela est vrai. Et quel étoit ce pouvoir ? C'est ce qu'on ne nous dit pas.

On nous a mieux instruits de ses connoissances sur la Chymie. A l'exemple de *Geber*, il regarda le mercure & le soufre comme le principe de tous les métaux & de tous les minéraux. Il croyoit comme lui que la nature travaille toujours à faire de l'or, & que, quand elle est interrompue dans ses opérations, elle produit d'autres métaux plus ou moins parfaits, selon la qualité du soufre & du mercure. Ainsi les métaux communs peuvent être changés en or en les purifiant & en les dégageant de leurs parties hétérogenes ; & le moyen d'y réussir est de *réduire les éléments à une parfaite égalité.*

Ce seroit, dit-il, une belle découverte, car on auroit par-là un moyen de prolonger la vie ; parceque *le même secret, qui ôte toutes les parties impures d'un métal commun au point de le changer en argent ou en or pur, est regardé par les Philosophes comme propre à fortifier le corps humain, & à en prévenir la corruption, de maniere qu'on pourroit vivre plusieurs siecles.*

BACON ne parloit de cela que par conjecture ; il n'avoit aucune preuve de ce qu'il avançoit, à moins qu'on n'ajoute foi à une historiette qui ne méritoit point d'être rapportée par un aussi grand homme que lui.

Un vieux laboureur Sicilien, ayant

bu , dit-il , avidement dans un ruiſſeau jaunâtre qu'il ſoupçonne avoir été impregné d'or , redevint jeune , & vécut encore pluſieurs années en pleine vigueur. Mais quand il ſeroit vrai que ce vieillard eût rajeuni , il reſteroit encore à prouver deux choſes eſſentielles ; la premiere , que c'eſt l'eau jaunâtre qu'il a bue qui a produit cet effet ; la ſeconde, que cette eau étoit impregnée d'or : deux points qu'on n'a pas conſtatés , parcequ'il étoit impoſſible de le faire.

Ce n'étoit point cependant ſans connoiſſance de cauſe que notre Philoſophe parloit de remedes pour conſerver le corps humain. De l'étude de la Chymie il avoit paſſé à celle de la Médecine , & il a compoſé un Traité *ſur les moyens de retarder les accidents de la vieilleſſe & de conſerver les ſens* , dans lequel il donne des préparations des remedes dont il avoit fait l'épreuve lui-même.

En cultivant la Chymie , Bacon fit une découverte qui l'auroit conduit à celle de la poudre à canon , s'il avoit ſuivi les conſéquences qu'il tiroit de cette découverte : *c'eſt qu'on pouvoit faire du ſalpêtre & d'autres ingrédients un ſeu qui brûle à telle diſtance qu'on veut.* Et cette composition *excite un bruit semblable à celui du tonnerre : elle brille comme les éclairs , & même d'une lueur plus effrayante ; car une petite quantité , la valeur par exemple d'un pouce , bien disposée, fait un bruit violent & une lueur extraordinaire ; & cela peut se faire de différentes manieres capables de détruire des villes & des armées entieres.*

Cette composition ressemble bien à la poudre à canon. Il ne s'agiroit que de savoir ce que notre Philosophe a voulu dire par les autres ingrédiens , pour lui en attribuer l'invention. Un Anglois , nommé *Jean Wallis* , assure que c'étoit le soufre & la poudre de charbon , & cite pour garant de son assertion un manuscrit de BACON qui étoit entre les mains du Docteur *Langbain*. Mais ce manuscrit est-il véritablement de notre Philosophe ? Voilà ce qu'on ne prouve point.

Quoi qu'il en soit , il est toujours certain que BACON a connu la poudre à canon. Il faut voir dans son *grand Ouvrage* , comme il l'appelle (*Opus majus*) , tout ce qu'il dit sur cette composition ; il y rend compte aussi des découvertes qu'il avoit faites dans les sciences. On

trouve encore dans la quatrieme partie
de cet ouvrage un écrit eftimable fur
l'utilité des Mathématiques dans les fcien-
ces & dans les affaires du monde : il dit
que les Mathématiques font la clef des
fciences , & qu'elles ont toujours été
cultivées par tous les gens fages & vertueux préférablement à toutes les autres
fciences. L'intelligence des Mathématiques prépare , felon lui , l'efprit , & le
conduit à des connoiffances certaines ;
en forte que fi l'on en fait le fondement
de fes études , & qu'on les applique à
propos aux autres fciences , on peut
acquérir toutes les fortes de connoiffances ; & cela eft vrai : mais ce qu'il
ajoute gâte un peu ces belles vérités.

Il prétend que les étoiles & les planetes ont une influence fur les hommes ;
que les actions humaines dépendent né-
ceffairement de cette influence , & que
par leur moyen on peut prédire l'avenir.
On lit auffi dans l'*Opus majus* , que *les*
vrais Mathématiciens n'entreprennent pas
de parler décifivement fur les affaires hu-
maines , mais qu'ils examinent de quelle
maniere la difpofition du ciel altere &
change la conftitution du corps, & comment
le changement qui fe fait dans le corps

*influe sur l'ame , & la porte à des actions ,
soit particulieres , soit publiques , sans
néanmoins que la liberté en souffre en aucune
façon.* D'où notre Philosophe conclut
qu'on ne doit rien entreprendre que les
astres ne soient favorables.

C'est ce qui l'avoit déterminé à expo-
ser leurs différentes influences dans tous
les temps, par le moyen de tables astronomiques , dans lesquelles on devoit
faire voir la *suite des mouvements des
corps célestes depuis le commencement du
monde jusqu'à sa fin ; & en consultant
chaque jour ces tables par rapport à l'état
des choses , on n'auroit qu'à chercher dans
les temps passés le même arrangement des
corps célestes, & on verroit les mêmes effets,
& de même pour l'avenir ; en sorte que par
ce moyen on acquerroit une connoissance de
toutes choses.*

Il faut avouer qu'on ne reconnoît
point ici Bacon , & qu'on ne conçoit pas
comment un homme si instruit & si
éclairé a donné dans des écarts aussi
étranges. C'est une chose bien extraordinaire que l'esprit humain. Cet homme,
qui avoit jusques-là si bien raisonné sur
l'Optique , sur la Méchanique , sur la
Chymie , sur la Médecine même , perd

ſes principes de vue, & oſe encore écrire
que c'eſt à tort qu'on a traité de magiciens ceux qui parlent de l'Aſtrologie judiciaire, puiſque *ceux qui poſſedent cette
ſcience ſont les ſeuls Philoſophes.* Auſſi les
perſonnes qui lui entendirent tenir ces
diſcours, le regarderent comme inſenſé;
& les Moines de ſon Ordre, qui auroient
dû être plus charitables, lui firent un
crime de ſa prévention en faveur de
l'Aſtrologie judiciaire.

Ils l'accuſerent de s'appliquer à des
ſciences défendues, d'avoir fait un pacte
avec le Diable, & ne voulurent point
recevoir ſes ouvrages dans leur bibliotheque. Non contents de cette méchanceté, ſes confreres, qui étoient encore
plus offuſqués de ſon mérite que de ſes
préventions, aſſemblerent tumultueuſ-
ſement un Chapitre général, où ils le
dénoncerent comme magicien. On lui
défendit d'abord d'écrire, & on le mit
enſuite en priſon, où il fut détenu pendant long-temps à diverſes repriſes.

Cette diſgrace rendit ſa mémoire
odieuſe à ceux de ſon Ordre que ſon
ſavoir humilioit; & c'eſt ſans doute à
leur exemple, ou entraînés par le même
préjugé, ou, ſi l'on veut encore, fondés

fur les mêmes raifons , que quelques favants modernes ont regardé Bacon comme une efpece de fanatique , de fuperftitieux, d'homme à vifions. *Bayle* fur-tout eft de ce fentiment. Mais ce jugement eft bien rigoureux. Il eft fans doute étonnant que notre Philofophe , après avoir fait tant de rares & de fi belles découvertes dans un fiecle de ténebres , ait perdu terre , fuivant l'ex-preffion de M. *Chaufepié* , que la tête lui ait un peu tourné ; que pour détruire l'ignorance il ait ambitionné des con-noiffances que l'homme ne peut acqué-rir. Cet égarement eft affurément déplo-rable. Si on doit en tenir compte dans l'hiftoire de fa vie , il faut auffi fe fou-venir qu'il mérite les plus grands éloges par fa grande fagacité, par l'étendue de fes connoiffances , par les beaux ou-vrages qu'il a compofés , & enfin que c'étoit pour avoir produit de très belles chofes qu'on l'appelloit le *Docteur mer-veilleux.*

Voilà de quelle maniere on parloit de notre Philofophe lors même qu'on le perfécutoit. Lorfqu'enfin , à la follicita-tion de quelques perfonnes de confidé-ration qui aimoient les fciences , il eut

recouvré

recouvré sa liberté, il retourna dans sa
patrie ; & quoiqu'il fût déja vieux, il se
rendit aux sollicitations de plusieurs de
ses amis qui lui demandoient quelque
ouvrage de Théologie : il composa donc
un *Compendium studii theologici.* Ce fut
ici sa derniere production. Il mourut peu
de temps après l'avoir finie, à Oxford,
à l'âge de 78 ans, ou environ, & fut
inhumé dans l'église des Cordeliers de
cette ville.

Cet homme illustre a composé un grand
nombre d'ouvrages ; mais on lui en attribue qui ne sont pas de lui. Le Docteur
Leland dit que ses véritables écrits sont
si dignes d'éloges, qu'il voudroit avoir
cent bouches pour les louer : mais il nous
apprend aussi qu'on les trouveroit si diffi-
cilement, ou qu'ils étoient si mêlés & si
imparfaits dans les bibliotheques qu'il
avoit vues, qu'il seroit aussi difficile de
ramasser les feuilles de la Sibylle que de
faire un catalogue de ses livres.

Cependant le Docteur *Jebb* a voulu
donner ce catalogue, par lequel il paroît que BACON a écrit sur la Grammaire, les Mathématiques, la Physique, l'Optique, la Géographie, l'Astronomie, la Chronologie, la Magie,

la Logique, la Métaphysique, la Morale, la Médecine & la Théologie. C'est l'ordre suivant lequel M. *Jebb* range les ouvrages de notre Philosophe. Mais, malgré cette grande diversité de sujets, ce Savant pense qu'il faut les réduire à un petit nombre de volumes, parceque plusieurs de ces Traités sur la même matiere ont été publiés sous différents titres, & ont été regardés comme autant de Traités différents.

La plus considérable de ses productions est son *Opus majus.* Dans la belle édition que M. *Jebb* en a donnée, il y a beaucoup de choses neuves qui n'avoient pas paru dans les autres éditions, & que ce Savant a tirées de plusieurs manuscrits qui lui ont été communiqués.

Aussi M. *Chaufepié* s'est fait un devoir dans son Dictionnaire d'en donner une analyse suivie, laquelle contient les plus beaux endroits de cet ouvrage. Le lecteur en pourra juger par quelques traits que je vais mettre sous ses yeux.

Les obstacles principaux qui empêchent les hommes de parvenir à la connoissance de la vérité, sont l'empire d'une indigne & méprisable autorité, la force de la coutume, l'opinion du vulgaire ignorant, la honte d'avouer son ignorance qu'on cache sous de vaines apparences de savoir. De là il suit que nous ne devons pas adopter tout ce que nous entendons dire ou ce que nous lifons, mais qu'il faut examiner mûrement les fentiments de ceux qui nous ont précédés, pour corriger leurs erreurs, mais avec fageffe & modeflie.

Toute la Philofophie confifte à faire connoître le Créateur par le moyen des créatures, & à nous inftruire des devoirs auxquels l'excellence de la nature nous engage, à nous dévoiler la bonté qu'il a fait éclater dans la création & dans la confervation du genre humain, & à nous apprendre de quelle maniere nous devons l'honorer & régler notre conduite conformément aux loix de la juftice & de la raifon.

Il y a deux moyens de parvenir à la connoiffance des chofes, celui du raifonnement & celui de l'expérience. Le raifonnement détermine une queftion, & nous met en état de prononcer; mais il ne donne pas une certitude; il n'exclut pas tout doute; en forte que l'efprit ne peut acquiefcer avec une entiere confiance à la vérité, à moins qu'il ne l'ait confirmée par la voie de l'expérience.

La science expérimentale a en effet trois grands avantages sur les autres sciences. 1°. Elle vérifie les plus belles conclusions. 2°. On découvre par elle bien des vérités dans les autres sciences, qu'on n'auroit pu découvrir sans cela par ces sciences mêmes. 3°. Enfin, sans aucune dépendance des autres sciences, elle recherche les secrets de la nature, & cela en procurant la connoissance des choses présentes, passées & futures.

Pour soutenir cette derniere prérogative de la Physique expérimentale, BACON veut qu'il soit possible de changer le génie & les dispositions d'une nation en altérant la constitution de l'air. Ce qu'il prouve par la réponse d'*Aristote* à *Alexandre le Grand*. Ce Prince ayant demandé à *Aristote* s'il devoit exterminer les peuples barbares qu'il rencontroit, à cause de leur extrême férocité, ou s'il devoit les laisser vivre, ce Philosophe lui répondit que s'il pouvoit changer la température de l'air qu'ils respiroient, il n'avoit qu'à les laisser vivre, sinon qu'il devoit les détruire. Et comment *Aristote* savoit-il que ce changement produiroit cet effet ? Il n'en avoit

point fait l'expérience , & son autorité
sur cette matiere ne vaut pas mieux que
celle de notre Philosophe. Cela n'empêche pas que cette idée de changer le
génie d'une nation en altérant la constitution de l'air , ne puisse être juste. Il
n'est pas possible de la vérifier ; mais il
est certain que l'air influe beaucoup sur
le corps humain , & par conséquent sur
l'esprit.

BACON passe à juste titre pour un des
plus beaux génies de l'antiquité. M.
Freind à écrit qu'il étoit » la merveille
» du siecle où il vivoit , & peut-être le
» plus grand génie qui ait été au monde
» depuis *Archimede* ». M. *Freind* veut
dire sans doute depuis *Archimede* jusqu'à
la renaissance des Lettres ; car, quelque
grand que soit notre Philosophe , il n'est
pas encore comparable aux *Descartes* ,
aux *Pascal* , aux *Leibnitz* , aux *Newton* ,
& aux autres illustres Philosophes modernes qui n'ont point allié comme lui
tant de foiblesses ou tant d'écarts à leur
grande sagacité.

ARNAUD DE
VILLE NEUVE.

ARNAUD DE VILLENEUVE *.

UNE pensée qui me paroît fort juste, c'est qu'on doit juger des Savants par rapport au temps où ils vivent. Il est bien difficile de devenir docte lorsque l'ignorance & la barbarie triomphent. On ne trouve ni maîtres ni disciples ; & si par un goût extraordinaire on est porté à cultiver les sciences , on s'attire la haine de ceux qui se sont déclarés ennemis de leurs lumieres. Aussi les personnes qui ont assez de courage pour vouloir instruire alors le public, donnent presque toujours précipitamment dans les premieres lueurs qui se présentent à elles dans le cours de leurs études.

Voilà pourquoi on ne vit jamais tant de systêmes erronés sur les sciences qu'il en parut dans le treizieme siecle , c'est-à-dire , dans le temps où l'on chercha à secouer le joug de la barbarie. Il pul-

* La Vie d'Arnaud de Villeneuve , par Pierre-Joseph (Haitze). Mémoires pour servir à l'Histoire des Hommes illustres , par le P. Niceron , Tome XXXIV. Dictionnaire de Chaufepié , art. Arnaud de Villeneuve , &c. Et ses ouvrages.

luloit , suivant l'expreſſion de M. *Haitze* ,
des gens qui chaque jour publioient des
ouvrages extraordinaires , leſquels cho-
quoient viſiblement & la raiſon & la vérité. Les Tribunaux eccléſiaſtiques n'é-
toient occupés qu'à réprimer les erreurs
qui fourmilloient de toutes parts.

Ce fut dans le commencement du ré-
tabliſſement des Lettres , & avec le
foible ſecours de ces lumieres imparfaites , qu'ARNAUD, de Villeneuve , entreprit de ſuivre les traces de Roger
Bacon dans la culture des ſciences. Il
naquit au milieu du treizieme ſiecle au
lieu dont il avoit pris le ſurnom : c'eſt
Villeneuve , village de Provence , dans
le dioceſe de Vence. Ses parents étoient
pauvres & d'une naiſſance obſcure.
Mais ſi en naiſſant la fortune ne lui fut
pas favorable , la nature le dédomma-
gea de cette diſgrace en le douant d'un
génie élevé & des diſpoſitions les plus
heureuſes pour l'étude. Il les cultiva
lui-même dès qu'il eut l'âge de raiſon,
autant afin de ſuivre ſon goût, que dans
l'eſpérance de ſe procurer par-là un
moyen de ſubſiſter.

Dès qu'il eut fini ſes Humanités , il
s'appliqua à la chymie , comme à la
ſcience qui lui convenoit le mieux pour

en retirer de quoi vivre , parcequ'elle renferme les ſecrets de la médecine empirique qu'il comptoit pratiquer dans de petits endroits. Il fit bientôt de grands progrès dans cette ſcience ; mais il s'en dégoûta à meſure qu'il voulut approfondir les ouvrages des Chymiſtes du temps. C'étoient des eſpeces de Charlatans qui promettoient au commencement de leurs livres de révéler les ſecrets les plus cachés de la nature , & qui ne cherchoient qu'à en impoſer au lecteur par un ton emphatique & un langage obſcur ou myſtérieux que perſonne ne pouvoit comprendre. Extrêmement piqué d'avoir paſſé pluſieurs années à débrouiller le ſens de ces Auteurs , il jetta de dépit au feu tout ce qu'il avoit écrit là-deſſus , & réſolut de n'étudier déſormais que la pure Phyſique.

Dans cette vue il alla étudier cette ſcience à l'Univerſité d'Aix en Provence, qui étoit la plus célebre Ecole qu'il y eût dans le monde. Ses progrès le firent bientôt diſtinguer des autres Etudiants. On lui conſeilla d'aller à Paris pour étendre ſes connoiſſances : c'eſt auſſi ce que fit notre jeune Philoſophe.

Il partit donc pour cette grande ville :

i avoit alors vingt ans. Après y avoir
demeuré dix ans, il se rendit à Mont-
pellier, où il étudia en Médecine. Il
parcourut ensuite toutes les Universités
d'Italie : il voyagea aussi en Espagne,
& y consulta tous ceux qui étoient en
réputation de science & de doctrine. Il
apprit les langues savantes, & princi-
palement la grecque, l'hébraïque &
l'arabe, & ne négligea rien de tout ce
qui pouvoit satisfaire la passion qu'il
avoit de tout savoir : il devint sur-tout
habile en Philosophie, en Chymie &
en Médecine.

Il étoit à Barcelone en 1285, lorsque
la réputation qu'il s'étoit acquise par ses
lumieres, le fit appeller à la Cour de
Pierre III, Roi d'Aragon, pour y trai-
ter ce Prince malade d'une blessure qu'il
avoit reçue dans un combat : mais soit
qu'il arrivât trop tard, ou que le mal
fût incurable, le Roi mourut entre ses
mains.

Le dessein qu'il avoit de conférer avec
quelques Pythagoriciens qui étoient en
grande réputation à Rome, lui fit prendre le chemin de cette ville. En sortant
d'Aragon on dit qu'il se fit admirer par
une belle expérience de chymie : ce fut

de changer une certaine quantité de
mercure en or. Les perſonnes les plus
diſtiguées par leur état & par leur mérite , furent témoins de cette tranſmu-
tation. C'eſt ce que nous aſſurent ſes
Hiſtoriens ; mais ils ne le prouvent pas ,
& par-là ils nous diſpenſent de les croire.

Il eſt plus probable que notre Philoſophe
fit aux yeux des Romains quelque expérience curieuſe de phyſique, ou quelque
opération rare de chymie. C'eſt de la
part des Auteurs de ſa vie une grande
faute de ne nous avoir pas inſtruits de
cela , & ce n'eſt pas la ſeule qu'ils aient
commiſe. Ils ont encore oublié de parler
des découvertes qu'il a faites dans les
ſciences , & ſur-tout dans la chymie ,
auxquelles il doit néanmoins ſa célé-
brité. Nous apprenons par ſes ouvrages
qu'il trouva l'eſprit-de-vin , l'huile de
térébenthine , & pluſieurs compoſitions
utiles dans l'art de guérir ; & que s'é-
tant apperçu que ſon eſprit-de-vin étoit
ſuſceptible de conſerver le goût & l'o-
deur de tous les végétaux , il enſeigna
l'art de faire des eaux de ſenteur : mais
on ne nous dit point en quel temps il
découvrit toutes ces choſes ; il y a apparence que ce fut avant ſon voyage de

Rome, ou pendant son séjour dans cette ville. Et voilà sans doute ce qui le fit admirer dans Rome. Ces découvertes étoient en effet assez belles pour être admirées dans tous les pays du monde. Cependant ARNAUD ne demeura pas long-temps à Rome. Toujours plus avide de connoissances ou d'instructions, il voulut aller en Grece pour voir les Savants qui pouvoient y être ; mais les guerres qui désoloient ce pays l'en empêcherent.

Il repassa en Espagne où son mérite l'avoit fait connoître. Le Roi d'Aragon, ayant appris son arrivée, voulut le voir ; & il fut si content de sa conversation, qu'il crut que personne n'étoit plus propre que lui à négocier une affaire délicate qu'il avoit avec le Roi de Naples, Comte de Provence. Il le députa donc vers ce Roi avec la qualité d'Ambassadeur. Cette commission n'étoit point alors si pompeuse qu'elle l'est aujourd'hui, & les Souverains ne cherchoient point des personnes constituées en dignité pour la remplir, mais des hommes de génie, capables de faire réussir leurs entreprises.

Notre Philosophe partit en 1309 pour

Avignon où étoit le Roi de Naples. Il employa tout le crédit que son mérite & sa qualité de Sujet de ce Prince lui avoient acquis pour l'engager à accepter les offres qu'il étoit chargé de lui faire de la part du Prince qui l'avoit député. Il s'agissoit de déterminer le Roi de Naples à échanger avec le frere du Roi d'Aragon la couronne de Jérusalem pour le pays de la Sicile ; mais quelque art que pût employer ARNAUD dans cette négociation afin de la faire réussir, il ne put gagner le Roi de Naples, qui préféra le titre de Roi de Jérusalem à la possession de la Sicile.

Notre Philosophe voulut prendre congé de lui ; mais le Roi de Naples ne le lui accorda qu'à condition qu'il reviendroit à sa Cour le plutôt qu'il pourroit pour philosopher avec lui. C'est ce que promit en effet l'Ambassadeur. Ainsi après s'être acquitté de ce qu'il devoit au Roi d'Aragon, il retourna à Naples. Il y cultiva la Philosophie avec ce Prince qui l'auroit comblé d'honneurs & de biens, si ARNAUD n'eût autant dédaigné les faveurs de la fortune, qu'il étoit avide des richesses de l'esprit.

Après avoir satisfait la curiosité du

Roi , il le quitta pour retourner en
France. De toutes les Nations qu'il avoit
fréquentées , il n'en estimoit aucune
autant que la Françoise. Il croyoit aussi
qu'il n'y avoit qu'à Paris que les sciences
étoient solidement cultivées , & il pensoit qu'on y étoit à portée plus qu'en aucun endroit de faire briller son savoir ,
& de communiquer avec les Savants de
toutes les parties du monde.

En allant à Paris il passa par le Comté
Venaissin pour y voir la Cour du Pape
qui y étoit alors errante. Il reçut de
grands honneurs de la part de Sa Sainteté. On l'invita à s'y fixer ; & pour l'y
engager on lui offrit des établissements
considérables ; le Pape l'honora même
du titre de son Médecin : mais tout cela
ne le tenta point. Il remercia poliment
Sa Sainteté & ses Ministres ; & après
quelques mois de séjour , il continua sa
route vers Paris.

Il ouvrit une école de Médecine dès
qu'il fut arrivé. Ses leçons furent si goûtées , & lui firent une si grande réputation qu'elles attirerent dans cette grande
ville tout ce qu'il y avoit de curieux
dans les pays étrangers. C'étoit une
occasion bien favorable pour amasser

de grands biens ; mais il ne voulut retirer de ses peines que ce qui étoit nécessaire à sa subsistance : sur quoi l'Auteur de sa vie fait cette réflexion judi-
cieuse : » Ce n'est aussi, dit-il, que
» rarement que les hommes totale-
» ment adonnés aux sciences, comme
» l'étoit ARNAUD de Villeneuve, de-
» viennent riches. Comme ils ne font
» occupés que de ce qui peut les con-
» tenter, qui est l'avancement dans
» leurs études, ils négligent tout le
» reste ; & les richesses ne viennent or-
» dinairement qu'à ceux qui les pour-
» suivent. Ceux qui ont d'autres vues
» dans la culture des sciences, se font,
» ainsi qu'il le déclare lui-même dans la
» quatrieme de ses paraboles de Méde-
» cine, *des avortons* des Lettres, parce-
» que leurs productions imparfaites s'é-
» cartent du but où tendent les études
» des arts libéraux (1).

Cela est vrai, & on ne peut assez
louer notre Philosophe de n'avoir eu
d'autre ambition que celle du savoir ;
aussi fit-il des progrès considérables dans
toutes les sciences : mais il ne faut pas

____

(1) *Vie d'Arnaud de Villeneuve*, page 47 & suiv.

croire que jamais homme ne pénétra plus avant dans les secrets de la nature que notre ARNAUD, ni qu'il ait possédé à fond la véritable chymie, ni qu'il ait fait »des larmes d'or qui ne cédoient en » rien à ce métal le plus pur », comme l'a écrit M. *Haitze.* Nous avons les ouvrages d'ARNAUD, & nous sommes en état de le juger lui & l'Auteur de sa vie. Il n'y a que les traits particuliers de sa vie privée que nous ne pouvons pas contester, & à cet égard nous devons nous en rapporter à M. *Haitze.*

Or, cet Écrivain dit que notre Philosophe avoit une conception fort aisée, & une grande vivacité d'esprit. Il avoit tellement son entendement à sa volonté, & pour ainsi dire en sa main, qu'il n'avoit pas besoin de s'arrêter long-temps sur une chose abstraite pour la comprendre. Il étoit si vif, qu'il n'avoit jamais pu s'assujettir à lire ce qu'il avoit écrit ; & il écrivoit avec tant de promptitude, qu'on avoit bien de la peine à déchiffrer son écriture. Son style se ressent aussi de cette négligence, il tient le milieu entre l'éloquent & le barbare ; il est vrai que c'étoit là le goût du siecle, & ARNAUD ne s'embarrassoit point de s'en former un autre.

Pendant qu'il étoit occupé au milieu
de Paris à la compofition de différents
Traités de chymie & de médecine , il
s'éleva une difpute entre les Chartreux
& les Eccléfiaftiques tant féculiers que
réguliers , à laquelle il crut devoir
prendre part. Ceux-ci accufoient les
Chartreux d'avoir une pratique , à l'é-
gard de leurs malades , contraire à l'hu-
manité , en leur refufant le fecours de
la viande. Là-deffus ils publierent plufieurs écrits , par lefquels il prétendoient
faire voir que cet article de leur conftitution étoit intolérable , comme ôtant
aux infirmes le moyen de recouvrer la
fanté. On leur reprochoit de manquer
de charité , & on décrioit par-là leur
profeffion qui ne pouvoit être conforme
aux principes de la religion chrétienne ,
laquelle eft fondée fur cette vertu. L'o-
rage devenoit chaque jour plus confidé-
rable ; on les menaçoit d'abolir leur
Ordre s'ils n'abandonnoient cet ufage ;
mais notre Philofophe vint au fecours
de ces faints Religieux , & publia une
apologie de leur ufage , qui fit échouer
l'entreprife de leurs ennemis.

Dans un Ecrit , qu'il commença par
ces paroles du Pfeaume 68 , *Ceux qui*

étoient assis à la porte contre moi , & qui buvoient du vin , me faisoient le sujet de leurs chansons , il prouva que ceux qui les condamnoient se trompoient par deux raisons , auxquelles on ne fit point de réponse ; la premiere , que la constitution des Chartreux est approuvée par l'Eglise qui ne peut errer ; la seconde , que cette abstinence absolue de la viande , bien loin d'être opposée aux regles de la médecine sur la guérison des maladies , y est au contraire très conforme. Et pour appuyer cette seconde raison , il soutint que les jaunes d'œufs & les bons vins pris avec médiocrité étoient des aliments plus convenables aux malades que la chair des animaux.

Cet ouvrage fit un honneur infini à notre Philosophe. On le combla d'éloges , & on le nomma hautement le conservateur de l'Ordre qu'il avoit défendu.

Sa modestie n'en fut cependant point altérée. Bien éloigné de l'enflure des Savants qui , tout glorieux de leurs succès , ne rougissent pas de publier qu'ils peuvent faire des leçons à tout le monde & n'en recevoir de personne , il supplia

non feulement les gens doctes , mais
encore les honnêtes gens, de lui pardon-
ner les fautes qui lui étoient échappées
dans la compofition de fes ouvrages , &
de les corriger , en les conjurant d'accorder cette grace à fa fimplicité & à fon
ignorance. Son but étoit d'acquérir toujours de nouvelles connoiffances, à quelque prix que ce fût, & il ne négligeoit rien
de ce qui pouvoit fatisfaire la paffion
extrême qu'il avoit de tout favoir; mais
cette paffion le mena trop loin , & lui
fit donner dans des nouveautés dange-
reufes , & même dans des erreurs.

Il eft , fuivant la remarque judicieufe
de M. *Haitze* , une intempérance dans
les études qu'il faut éviter : écueil d'autant plus dangereux , qu'il eft couvert
par les apparences de la vertu : brifant
funefte qu'on ne peut éviter qu'en ne
perdant jamais de vue cette vérité : Il y
a non feulement de la grandeur d'ame ,
mais encore de la prudence , & même
de la néceffité , à vouloir ignorer quelque chofe. C'eft cependant ce que notre
Philofophe oublia.

Il jouiffoit à Paris de la réputation la
plus brillante, lorfqu'il entreprit de chercher les moyens de connoitre l'avenir.

Il étudia pour cela l'Astrologie ; &
comme cette fausse science étoit alors
en considération , il s'échauffa tellement l'imagination par toutes ses fas-
tueuses promesses , qu'il crut qu'elle
étoit infaillible dans ses opérations.
Dans cette persuasion il chercha en quel
temps arriveroit la fin du monde ; &
ayant trouvé qu'en 1355 il y auroit conjonction des trois planetes supérieures
dans le signe du verseau , il s'imagina
que cela signifioit qu'elle arriveroit en
ce temps-là , ou pour le plus tard en
1464 , parcequ'il devoit y avoir alors
une conjonction de Jupiter & de Saturne dans le signe des poissons. Cette
découverte lui parut trop belle & trop
importante pour ne pas la rendre publique ; mais on se moqua de ses rêve-
ries, & on eut raison.

Cet écart le fit donner dans un autre.
A l'étude de l'Astrologie il joignit celle
de la Morale chrétienne. Amateur ,
comme il étoit , de nouveautés , il
voulut réformer quelques usages qu'il
estima défectueux : mais il se repentit
bientôt de s'être mêlé de cela.

En examinant les actions que prati-
quoient les Chrétiens pour se rendre

agréables à la Divinité, il reconnut que les œuvres de miséricorde étoient préférables au saint sacrifice de la Messe. En conséquence de cette observation, il déclara hautement, 1°. que ceux qui fondent des chapelles ou font dire des Messes à perpétuité, ne font point une œuvre de charité, & ne méritent point par conséquent la vie éternelle ; 2°. que la passion de *Jesus-Christ* est mieux représentée par l'aumône que par le sacrifice de l'autel ; 3°. que Dieu n'est pas loué par les œuvres dans ce sacrifice, mais seulement de bouche ; qu'il n'y a dans les constitutions des Papes qu'une science qui est celle des œuvres de l'homme, & que Dieu n'a pas menacé de la damnation éternelle ceux qui pechent, mais seulement ceux qui donnent de mauvais exemples.

Ces erreurs le conduisirent à d'autres encore plus répréhensibles ; c'est que la nature de *Jesus-Christ* est égale en tout à la Divinité ; que l'ame de *Jesus-Christ*, aussi tôt après son union, a su tout ce que savoit la Divinité ; que le Diable a perverti tout le genre humain & fait périr la foi ; que les Moines corrompent la doctrine de l'Evangile ; qu'ils sont sans charité, & seront tous damnés.

L'Université de Paris s'éleva contre ces dogmes erronés ; les Moines crierent le plus haut : de sorte que ses amis, craignant les suites de cet orage, lui conseillerent de s'évader, & lui en faciliterent les moyens. Il fut long-temps errant, sans savoir où se fixer : enfin il résolut de se retirer en Sicile auprès du Roi d'Aragon, qu'il savoit être porté à lui donner un asyle assuré ; mais il fut embarrassé d'exécuter ce projet, faute de moyens de faire un si long voyage avec sureté. L'indigence qui le suivoit dès le berceau, pour me servir de son expression, étoit encore un obstacle à son dessein. Cependant il falloit prendre parti, & chercher au plutôt un asyle où il pût être en sureté. Cette nécessité lui fit tenter ce qui jusques-là lui avoit paru au-dessus de ses forces.

Il voyagea avec tant de secret, qu'il gagna la côte maritime pour s'embarquer, sans qu'on en eût connoissance, quoiqu'on le guettât de toutes parts. Mais sa navigation ne fut pas heureuse : au milieu de sa course il s'éleva un vent de bise si violent, que, malgré l'adresse des Nautonniers, le vaisseau sur lequel

il étoit fut jetté fur les côtes d'Afrique.
C'étoit une contrée dangereufe à caufe
du commerce d'hommes qu'on y faifoit.
Heureufement un vent favorable le remit bientôt fur fa route. Il aborda fain
& fauf en Sicile. C'étoit dans le temps
des vendanges. En arrivant il préfenta
au Roi *Frédéric* un préfent de la faifon :
c'étoit un Traité des vins, fuivant l'art
de la Médecine. Ce Prince le reçut avec
des témoignages très particuliers d'eftime & de bienveillance, tels qu'il pouvoit les defirer en la fituation où il fe
trouvoit.

Cependant les Moines, piqués de
n'avoir pu faire arrêter ARNAUD, fe dé-
chainerent avec plus d'emportement
contre fes mœurs, fa doctrine & fa religion ; mais dès qu'ils apprirent qu'il
étoit fous la protection du Roi de Sicile,
ils s'adoucirent, foit qu'ils appréhen-
daffent d'offenfer ce Prince, foit qu'ils
craigniffent le reffentiment de notre
Philofophe, qui, étant en lieu de fureté,
pouvoit, en fe défendant, leur faire
beaucoup de peine.

Une autre raifon qui calma encore la
colere des Moines, c'eft que le Pape
eftimoit beaucoup leur ennemi ; telle-

ment que Sa Sainteté ayant été atteinte d'une maladie que ses Médecins ne pouvoient guérir , elle crut qu'ARNAUD étoit seul en état de lui procurer la santé. En conséquence de cette persuasion, elle fit prier le Roi de Sicile de le lui envoyer. Notre Philosophe se mit donc en mer pour se rendre à Avignon où le Pape siégeoit ; mais en abordant les côtes de Genes , il fut lui-même attaqué d'une maladie dont il mourut vers la fin de 1313 : on ne sait point à quel âge, parcequ'on ignore le temps précis de sa naissance. On porta son corps en cette ville où il fut enseveli honorablement.

Le Pape apprit avec douleur la nouvelle de sa mort. Plein d'une estime très distinguée pour son mérite , il se fit un devoir de rendre à sa mémoire les honneurs les plus éclatants. Il adressa un Bref à tous les Evêques pour leur annoncer la mort de notre Philosophe, auquel il donne de très grands éloges. Ce Bref est une véritable Oraison funebre. Il les exhorte en même temps de faire des recherches exactes d'un Traité de Médecine qu'ARNAUD avoit composé expressément à son sujet , & pour lui , & il menace les receleurs d'encourir les censures ecclésiastiques.   M.

M. *Haitze* remarque fort à propos à cette occasion, que cet éloge de notre Philosophe, étant fait par un Pape, & après la mort d'un homme auquel il ne devoit rien, doit effacer, ou du moins affoiblir, les noires couleurs avec lesquelles les Moines le repréfentoient.

Ce Pontife mourut peu de temps après avoir donné ce Bref. Pendant la vacance du fiege, qui fut très longue, les Moines obtinrent des Inquifiteurs de procéder contre ARNAUD, fans avoir égard à l'eftime que le feu Pape en faifoit. La chofe ne fut pas difficile. Le Grand Inquifiteur étoit un Jacobin nommé *Jean Longer*. Auffi la doctrine de notre Philofophe fut condamnée & profcrite en 1317.

On ne s'en tint pas là. Après avoir décrié notre Philofophe comme Théologien, on voulut flétrir fa mémoire en lui attribuant des actions qu'il n'avoit point faites, & des ouvrages dont il n'étoit pas auteur. On l'accufa d'avoir porté la curiofité jufqu'à des effais & des épreuves criminelles. On dit qu'il avoit planté un homme dans une citrouille, quoiqu'il ait déclaré dans fes propres écrits , & particuliérement dans celui intitulé *La Fleur des Fleurs (Flos Florum,)* n'avoir eu sur la possibilité de la génération humaine d'autres sentiments que ceux du vulgaire. On voulut encore qu'il fut Sorcier ou Magicien ; premiérement , parcequ'il avoit fait de l'or à Rome ; en second lieu , parcequ'il avoit composé deux ouvrages qui sentent la Nécromancie , & qui sont intitulés, l'un, *Des Ligatures physiques* , & l'autre , *Des Sceaux des douze signes* (du Zodiaque ;) mais il n'est pas prouvé que ces ouvrages soient à lui. Et il est certain qu'il a composé plusieurs livres estimables sur des sujets les plus intéressants : c'est sur la saignée , sur la guérison de toutes les maladies , sur la conduite des Médecins dans les maladies inconnues , sur les urines , sur la fievre , sur la goutte , sur la stérilité de l'homme & de la femme , sur la briéveté de la vie , & la longueur de l'art de la Médecine , &c. Toutes ces productions sont dignes d'éloges ; mais l'ouvrage qui a le plus contribué à la réputation d'ARNAUD , c'est celui qu'il a publié sous ce titre , *Le Trésor des trésors, le plus grand Secret des secrets,* ou *le Rosaire des Philosophes*, parceque personne n'a si bien parlé de la pierre philosophale que lui : il a même poussé l'illusion jusqu'à en faire croire la possibilité ; tellement que quelques Ecrivains ont assuré qu'il en avoit véritablement le secret. Mais si cela étoit, c'eût été une grande maladresse à ARNAUD de n'en avoir pas fait usage, & d'avoir toujours vécu dans la pauvreté. Concluons donc que le *Trésor des trésors*, ce *Secret des secrets*, est un ouvrage purement captieux qui promet plus qu'il ne tient.

On attribue à notre Philosophe un livre fameux qui n'a jamais existé, intitulé *De tribus Impostoribus*. S'il paroit jamais, qu'on tienne pour constant, dit l'Auteur de la vie de notre Philosophe, » que ce sera un ouvrage récent que » quelque ame vénale, comme *Ba-* » *laam*, aura enfanté ». C'est donc une production absolument nouvelle que celle qui a paru il y a trois ou quatre ans sous le titre *Des trois Imposteurs*.

Les Auteurs se peignent ordinairement dans leurs écrits. Si cela est, ARNAUD devoit avoir beaucoup de piété & de religion, car il commence la plupart de ſes Traités par implorer le ſecours divin. Tantôt il adreſſe ſon invocation *à l'Agneau céleſte*, qu'il appelle *le très véritable Docteur*, & par excellence *le Maître ſpécial & ſingulier*; dans un autre Traité il prie que la *lumiere de l'éternelle Sageſſe coule dans l'eſprit des lecteurs*. Il termine ordinairement ſon invocation en conjurant cette même *Sageſſe de lui ouvrir les écrits de ſes tréſors très abondants de lumieres, afin que l'éclairant, il puiſſe dreſſer un ouvrage qui ſoit utile à ceux qui le liront, afin de mériter par-là la récompenſe qui eſt deſtinée en ce monde-ci & en l'autre pour les ſerviteurs de Dieu.*

Il diſoit que toute guériſon procede du ſouverain bien qui eſt Dieu; que, pour opérer utilement en Médecine, il ne faut avoir que l'honneur pour but; que ceux qui profeſſent la Médecine pour acquérir des biens, deviennent les avortons de cette ſcience; que ceux qui ne penſent qu'à ſe procurer leurs commodités temporelles ſont non ſeulement peu propres à procurer la ſanté aux autres, mais encore qu'ils ſont ſouvent les

caufes malheureufes qui y font obftacle ;
qu'un efprit diffipé & engagé dans les
voluptés flétrit en quelque forte l'art de
la Médecine en le faifant peu valoir,
&c.

C'étoient là fes maximes de choix, &
qu'il mettoit fans ceffe devant les yeux
des Médecins. On auroit pu les appliquer aux autres objets des connoiffances
humaines ; mais la Médecine étoit la
fcience qu'il affectionnoit le plus, & vers
laquelle il dirigeoit toutes fes vues.

Il y a peu de Philofophes qui aient
été autant loués que celui qui nous occupe. On a écrit qu'il étoit un *très grand
Philofophe*, un *génie prodigieux*, le *plus
docte Médecin de fon temps*, *également
verfé dans la connoiffance des langues
grecque, latine & arabe, que dans les
Mathématiques & dans la Philofophie* (1) ;
qu'ARNAUD *a été non feulement un des
plus grands hommes de fon temps, mais
encore que les fentiments des Auteurs fur fa
capacité s'accordent à dire qu'on ne vit dans
fon fiecle aucun efprit ni plus vafte ni plus*

____

(1) *Apologie des grands Hommes*, par M. Naudé,
Ch. 14.

K 3

pénétrant, & dont les connoissances fussent plus universelles. Enfin on a célébré son savoir & ses vertus par ces vers qu'on lit à la tête de ses œuvres de l'édition de Lyon de 1504 :

Si cupis infestos morbos evadere , lector ,
 Et differre tuo canitiem capiti ;
Si causas rerum divinaque dogmata scire ,
 Abdita naturæ si penetrare datur :
Arnaldi libros , quos Thomas nuper ab atris
 Eduxit tenebris , nocte dieque lege.

Outre l'édition de Lyon des ouvrages d'Arnaud, on en a encore une qui a été donnée à Basle en 1585 en deux volumes *in-folio*, sous le titre d'*Opera omnia*. M. *Elloi*, dans son *Dictionnaire de Médecine*, art. *Arnaud*, a donné la liste de tous ses Ecrits (1).

Arnaud eut un disciple nommé *Raimond Lulle*, qui le seconda bien dans ses travaux pour les progrès de la chymie. Il étoit né dans l'isle Maïorque d'une ancienne & noble famille de Catalogne. Aux instructions qu'il avoit re-

---

(1) Voyez aussi le *Dictionnaire de Moreri*, art. *Arnaud.*

çues de notre Philofophe , il joignit les
connoiffances qu'il acquit dans le commerce avec les Arabes , & les répandit
dans toute l'Europe. Dès ce moment la
Phyfique & la Médecine commencerent
à être établies fur des principes.

Un Médecin célebre par fes malheurs,
Pierre d'Apone , voulut fuivre cette
route ; mais il fe dégrada par fon atta-
chement aux fciences occultes & caba-
liftiques , par le commerce qu'il feignit
avoir avec les efprits aériens , & même
avec les diables , & par fon acharne-
ment contre les Eccléfiaftiques : paffion
malheureufe qui le conduifit dans les
prifons de l'Inquifition , où il mourut.
Il laiffa après fa mort plufieurs ouvrages,
parmi lefquels on diftingue celui qui eft
intitulé *Le Conciliateur.* Le but de ce
livre eft d'accorder enfemble les opinions différentes des Philofophes. C'é-
toit un projet difficile : auffi le fuccès
n'a pas répondu à fes vues : il faut lui
tenir compte au moins de fa bonne volonté qui fuppofe toujours le defir de
faire renaître le goût des fciences. Ce
ne fut que vers le milieu du quatorzieme fiecle qu'on vit des effets réels ;

& c'est ici l'époque de la renaissance des
Lettres : temps qui termine l'histoire de
la Philosophie ancienne , & par conséquent celle des anciens Philosophes.

Fin du cinquieme & dernier Volume.

TABLE GÉNÉRALE

Du contenu dans les cinq Volumes
de cette Histoire.

TABLE

DES MATIERES.

A

K 3

E

Esprit-de-vin : par qui découvert, V 191
Etre : quel est le plus beau de tous les
      Etres, IV 206.
Etude : ses avantages, IV 145

F

FABLE, voyez *Apologue*.
Fable de *Protagoras* pour prouver que la
      vertu peut être enseignée aux
      hommes, II 104
Fêtes d'Eleusine : description de ces Fêtes,
      note, IV 86
Fêtes panathénées : leur explication, II 30
Filles : dansent toutes nues à Lacédé-
      mone, & pourquoi, I 20
      leur éducation, II 19
      leur habillement, I 21

G

GÉOMÉTRIE, voyez *Egyptiens*.
Grains de sable : expression de leur nom-
      bre pour former un
      globe semblable à
      celui de la terre, V 73
Grammaire : ce que les Grecs entendoient
      par ce mot, II 89
Grecs : en quel temps a fini leur Philoso-
      phie, III 286

H

HELLÉNISME : explication de ce mot,
          III 124

I

R

S

TABLE
DES AUTEURS
ET DES PERSONNES CÉLEBRES.

A

C

L 5

J

L

L 6

M

T

Fin de la Table.

CATALOGUE *des Livres qui se trouvent
chez* DIDOT *, Libraire & Imprimeur,
rue Pavée.*

LA VIE DES DOUZE CESARS, traduite du latin
de Suétone, par M. *de la Harpe :* dédiée à
M. *de Choiseul,* avec des Notes, des Réflexions sur chaque Empereur, & un Discours
préliminaire sur les Historiens anciens, 2 vol.
in-8°. 10 liv. reliés, 8 liv. en feuilles.
Ecole dramatique de l'Homme, pour l'âge viril,
par M. *de Moissy,* pour servir de suite aux
Jeux de la petite Thalie du même Auteur,
in-8°. broché, 3 liv. 10 sols.
Dictionnaire Lyrique, ou Recueil des plus jolies
Ariettes Françoises, 2 vol. *in-8°.* broché en
carton, 15 liv.

 Les Tomes 3, 4, ou *Supplément* au Dictionnaire Lyrique, 2 vol. *in-8°.* broché en
  carton, 15 liv.
Recueil Lyrique d'Airs choisis des meilleurs Musiciens Italiens, avec des Paroles Françoises &
la Basse chiffrée. Premier *Recueil in-8".* broché
en carton, 3 liv.
Histoire des Philosophes Anciens, jusqu'à la
renaissance des Lettres, avec leurs Portraits,
par M. *Savérien,* pour servir d'introduction à
l'Histoire des Philosophes Modernes du même
Auteur, 5 vol. *in-12.* reliés, 15 liv. & 11 liv.
10 sols. en feuilles.

 Les Tomes 3, 4 & 5, séparément pour
  ceux qui ont les deux premiers, 9 liv.
  rel. & 6 liv. 18 sols en feuilles.

Dictionnaire de Morale philosophique , contenant la regle des Mœurs , tirée des Philosophes
anciens & modernes : Ouvrage dans lequel les
Savants trouveront de l'érudition ; les curieux ,
des traits agréables ; ceux qui écrivent ainſi
que ceux qui inſtruiſent , des matériaux choiſis
dans les meilleurs Auteurs: 2 vol. *in-*8°. petit
for. 9 liv. rel. & 7 liv. 10 ſ. en feuilles.

Histoire de l'Ordre du Saint Eſprit, avec un
grand nombre d'anecdotes ſur les Chevaliers
de cet Ordre , par M. *de Saint-Foix*, Hiſtorio-
graphe des Ordres de France , tome 2 , *in-*12.
broché , 2 liv.

Art militaire des Chinois, ou Recueil d'anciens
Traités ſur la guerre , compoſés par différents
Généraux Chinois : Ouvrages ſur leſquels les
Aſpirants aux grades militaires ſont obligés de
ſubir des examens. Traduit en François par le
P. *Amyot*, Miſſionnaire à Peking , & publié
par M. *Deguignes :* vol. *in-*4°. avec 33 plan-
ches enluminées exactement d'après les modeles
Chinois , broché en carton , 36 liv. 15 ſols.
—Le même avec les planches non enluminées ,
broché en carton , 27 liv. 12 ſols.

Ouvrages qui feront mis en vente dans le courant de Février 1772.

Les Stratagèmes, ou Ruſes de Guerre , recueillis
par Frontin, traduits en François par un ancien
Officier , avec le Texte latin à côté. On y a
joint une Diſſertation ſur la Vie & les Ouvrages
de Frontin. Petit *in-*8°. 4 liv. rel. & 3 l. 5 ſols
en feuilles.

Dictionnaire des Herborisants, ou Manuel à
l'usage des Amateurs de Botanique, & des
Étudiants en Médecine, en Chirurgie, en
Histoire naturelle, 2 vol. *in-*8°. petit format,
8 liv. rel. & 6 liv. 10 sols en feuilles.

De l'Art de la Comédie, ou Traité des diverses
parties de la Comédie, & de ses différents
genres, dans lequel on développe l'art de l'imita-
teur, en comparant les imitations de Moliere
& celles des modernes, aux sources où ils ont
puisé ; le tout appuyé d'exemples pris chez les
meilleurs Comiques de tous les âges, de toutes
les Nations : avec l'exposition des causes de la
décadence du Théâtre, & les moyens de le
faire refleurir ; terminé par l'Eloge de Moliere, par M. *de Cailhava*, 4 vol. *in-*8°. 24 liv.
rel. & 20 liv. en feuilles.

Le second *Recueil Lyrique* d'Airs choisis des
meilleurs Musiciens Italiens, avec des paroles
françoises & la Basse chiffrée, *in-*8°. broché
en carton, 3 liv.

www.ingramcontent.com/pod-product-compliance
Lightning Source LLC
LaVergne TN
LVHW021147050726

842519LV00002B/532